Cultural Studies
Eine Einführung

Christina Lutter
Markus Reisenleitner

Cultural Studies
Eine Einführung

Cultural Studies
Band 0

Löcker
Wien

Die Deutsche Bibliothek – CIP-Einheitsaufnahme
Cultural Studies : eine Einführung /
Christina Lutter, Markus Reisenleitner.
- Wien : Erhard Löcker GesmbH, 2002
ISBN 3-85409-372-1

Diese Ausgabe folgt inhaltlich der 3. Auflage 2001
bei Turia + Kant
Herstellung: Novographic, Wien
ISBN 3-85409-372-1

Inhalt

1. EINLEITUNG

Im deutschsprachigen und damit auch österreichischen Wissenschaftsdiskurs hat der Begriff der Kulturwissenschaften gegenwärtig Hochkonjunktur. Er wird in sehr unterschiedlicher Weise gebraucht, immer häufiger in Bezug zu den *Cultural Studies* der anglo-amerikanischen Tradition gesetzt, seltener jedoch definiert und reflektiert. Das Interesse an kulturwissenschaftlichen Fragestellungen kann als Ausdruck des *cultural turn*, einer ›kulturellen Wende‹ interpretiert werden, die sich in den letzten Jahren vor allem in den Sozial- und Geisteswissenschaften vollzogen hat, aber in Ansätzen auch in Überschreitung der Grenze zwischen diesen und den Natur- und technischen Wissenschaften. Diese Entwicklung kann zum einen als Antwort auf die aktuelle Krise der Wissenschaft und ihrer Organisationsformen besonders im universitären Bereich verstanden werden, die nicht ganz zufällig oft von einer jungen, wenig institutionalisierten ForscherInnengeneration thematisiert wird. Auf der anderen Seite dienen jedoch kulturwissenschaftliche Etikettierungen ebenso wie die Schlagworte Interdisziplinarität, Internationalität und Innovation häufig einer attraktiveren, modischeren Verpackung traditioneller wissenschaftlicher Produkte.

Allerdings scheint die Frage nach der Rolle (post-)moderner Wissenschaft vor dem Hintergrund von fundamentalen gesellschaftlichen Wandlungsprozessen und immer komplexeren, globalen Problemstellungen ökonomischer und sozialer Natur bei der Erarbeitung von Lösungsmodellen immer dringlicher. Deshalb ist vorerst eine begriffliche Klärung notwendig, was denn unter kulturwissenschaftlichen Ansätzen zu verstehen sei, um in der Folge nach ihren gesellschaftlichen Positionierungen und Funktionen fragen zu können. Denn hinter der jeweiligen Terminologie verbergen sich historisch und lokal unterschiedliche akademische und politische Traditionen.

Die Reihe *Cultural Studies* setzt sich zum Ziel, einen Beitrag zu diesem Klärungsprozess und zur Rezeption der heterogenen Diskussion der englischsprachigen *Cultural Studies*, aber auch anderer Sprachgebiete zu leisten, um die dort bereits etablierten, bei uns hingegen noch immer wenig bekannten Forschungstraditionen einem breiteren deutschsprachigen Publikum zugänglich zu machen. Zwar erfolgte bereits Mitte der siebziger Jahre eine erste *Cultural Studies*-Rezeption im deutschsprachigen Wissenschaftsdiskurs (Lindner 1994; 1998): Dabei standen mit einer gewissen zeitlichen Verschiebung zur Frühzeit der britischen *Cultural Studies* in Anlehnung an die Arbeiten des *Centre for Contemporary Cultural Studies* (CCCS) in Birmingham soziologische Untersuchungen zur Arbeiterkultur im Zentrum jener (Zeitschriften-) Projekte, die primär von der Neuen Linken getragen wurden. In der Folge waren es insbesondere Studien zu jugend- und subkulturellen Phänomenen, die in der universitären wie außeruniversitären Wissenschaftslandschaft, in Pädagogik und Sozialarbeit und später – inhaltlich nochmals verengt – in Form von Lifestyle-Analysen und Marktforschungen betrieben und angewandt wurden. Nach dieser thematisch doch sehr selektiven ersten Rezeptionswelle fanden und finden *Cultural Studies* seit den achtziger und v. a. den neunziger Jahren im wesentlichen in denjenigen bereits bestehenden (z. B. Ästhetik und Kommunikation, Das Argument) und neu ins Leben gerufenen Medien (z. B. Spex, Springerin) ein Forum, die an den Schnittstellen zwischen Theoriediskussion, Kunst und Popularkultur verortet sind. Gegenwärtig werden *Cultural Studies* allerdings auch wieder im akademischen Feld im engeren Sinn, und zwar insbesondere im Bereich der Medien-, Kommunikations- und Literaturwissenschaften (wieder-)entdeckt. Formen dieser Rezeption scheinen bis zu einem gewissen Grad und wie bereits in den siebziger Jahren zeitlich verschoben mit denjenigen Entwicklungen in den USA zu korrespondieren, die *Cultural Studies* auf diese Disziplinen verengt erscheinen lassen und ihnen den Vorwurf der Textlastigkeit und der Aufgabe ihres politischen Anspruchs eingetragen haben.

Cultural Studies sind jedoch nicht als spezifische wissenschaftliche Disziplin zu verstehen, sie werden auch nicht primär über vorgegebene Gegenstandsbereiche definiert, sondern durch die Herangehensweisen an Fragestellungen. Das heißt, es handelt sich um eine Forschungsstrategie, die mittels innovativer methodologischer Ansätze eine Vielzahl von Disziplinen bei der Definition ihrer Gegenstände und der Annäherung an sie betrifft (Grossberg 1994). *Cultural Studies* kann als intellektuelle Praxis benannt werden, die beschreibt, wie das alltägliche Leben von Menschen (*everyday life*) durch und mit Kultur definiert wird, und die Strategien für eine Bewältigung seiner Veränderungen anbietet. In diesem Sinn wird eine Balance zwischen politischem Engagement, theoretischen Zugängen und empirischen Analysen angestrebt. Die Komplexität eines derartigen Kulturbegriffs beinhaltet insbesondere auch das Selbstverständnis von *Cultural Studies*, auf aktuelle Herausforderungen zu reagieren, Wissensproduktion und -vermittlung zur Formulierung von gegenwartsrelevanten Fragestellungen und im Bemühen um ihre Beantwortung nutzbar zu machen und so ihren politischen Anspruch einzulösen.

Das bedeutet, bei der Analyse kultureller Praktiken nach den Machtverhältnissen zu fragen, innerhalb derer sie artikuliert werden, nach der Art und Weise, wie diese beschaffen sind, inwieweit sie das konkrete Leben von Menschen beeinflussen, wodurch sie sich verändern oder wie sie verändert werden können. In diesem Sinn wird etwa nach den Auswirkungen von Industrialisierung und Urbanisierung auf städtische Unterschichten gefragt oder werden popular- bzw. massenkulturelle Phänomene und ihre politischen und sozialen Implikationen untersucht – Fragestellungen, die die Frühgeschichte der britischen *Cultural Studies* prägten und auch heute nichts an Aktualität und Relevanz verloren haben, wenn sich auch der jeweilige Kontext der Untersuchungen grundlegend geändert hat.

Ausgegangen wird dabei von einem Kulturbegriff, der ›Kultur‹ nicht implizit mit einer ›Hoch‹- bzw. Elitenkultur bildungsbürgerlicher Prägung gleichsetzt, sondern im Sinn von Raymond

Williams, einem der ›Gründerväter‹ der britischen *Cultural Studies* der frühen sechziger Jahre, als *a whole way of life*, d. h. in einem umfassenden Sinn als Vielzahl bestehender und möglicher Lebensweisen, ihrer Organisations- und Kommunikationsformen. Dieser Zugang macht es möglich, die Heterogenität und Fragmentierung kultureller Phänomene, die Vieldeutigkeit von Bedeutungen und ihre Produktions- und Rezeptionsbedingungen zu thematisieren. ›Kultur‹ läßt sich demnach nicht definitorisch festschreiben, sondern äußert sich in den Differenzierungen bzw. im Wechselspiel von verschiedenen kulturellen Prozessen und Praktiken in spezifischen ökonomischen, sozialen und politischen Kontexten. Dabei sind die Bedingungen von *Cultural Studies* ebenso wie ihre Gegenstände ihrerseits je kulturell und historisch bestimmt: Ökonomie und Subjektkonstruktion als kultureller Diskurs; (Post-)Kolonialismus und Identitätenproblematik (Rassismen, Nationalismen, Ethnizität, Migration), *Gender Issues* (Geschlechterverhältnisse, Sexualität, *Queer Theory*), die mediale Globalisierung und ihre Auswirkungen, etwa auf politische Handlungsmöglichkeiten (*agency*) sind nur einige ihrer gegenwärtig aktuellen Forschungsfelder: Dementsprechend sind *Cultural Studies* selbst so heterogen wie ihre Gegenstandsbereiche, jedoch in ihrem Bestreben, sie gleichzeitig durch intellektuelle Tätigkeit zu verändern, keineswegs beliebig.

Ob nun die britischen *Cultural Studies* der Rezeption in den USA gegenübergestellt werden, Kontinentaleuropa mit dem atlantischen Raum verglichen wird oder auf die außergewöhnliche Produktivität der kanadischen oder australischen *Cultural Studies* und ähnlicher Entwicklungen im asiatischen Raum hingewiesen wird: Das Bewußtsein verschiedener Wissenschaftstraditionen und kontextuell unterschiedlicher Rezeptionsbedingungen korrespondiert mit dem Selbstverständnis von *Cultural Studies* als einem politischen Projekt und einer intellektuellen Praxis, der es darum geht, Theorie als Strategie und Werkzeug zu verstehen, um die Produktion von Wissen über den akademischen Kontext hinaus in konkreten Situationen nutzbar zu machen.

Bei der Frage nach den aktuellen Möglichkeiten, Bedingungen und Grenzen der *Cultural Studies*-Rezeption im deutschsprachigen Wissenschaftsdiskurs muß daher klargemacht werden, daß es nicht um einen Theorie- oder Themenimport gehen kann ohne Bezug zum je spezifischen politischen und gesellschaftlichen Kontext: *Cultural Studies* setzen an und können betrieben werden, wo es um Bedürfnisse geht, und nicht um Moden. Die notwendige Kritik an hierzulande gepflegten vorwiegend unpolitischen Wissenschaftspraktiken und die ebenso berechtigte Sorge bezüglich eines kulturwissenschaftlichen Etikettenschwindels sollten dennoch nicht den Blick darauf verstellen, daß das wachsende Interesse gerade der jüngeren ForscherInnengenerationen ebenso wie der Studierenden an *Cultural Studies* nicht nur modisch-postmodern motiviert ist, sondern im Kontext sehr realer ökonomisch-sozialer Bedingungen eines wissenschaftlichen (Über-)Lebens steht.
Die Reihe *Cultural Studies* möchte daher zum einen mit der Übersetzung zentraler, vorwiegend englisch-sprachiger Texte ins Deutsche eine Annäherung an ein umfangreiches und vieldeutiges wissenschaftstheoretisches und -geschichtliches Projekt ermöglichen. Dabei soll den historischen Dimensionen der Erforschung von Kulturphänomenen eine besondere Bedeutung zukommen, ebenso wie die Texte eine fundierte Auseinandersetzung mit methodischen Fragen und Theoriebildungen bieten sollen.
Dies soll zum anderen Ausgangspunkt und Motivation für österreichische WissenschafterInnen sein, selbst Arbeiten in diesem Bereich in der Reihe zu veröffentlichen und so gleichzeitig an der internationalen Diskussion teilzunehmen und die Möglichkeiten transdisziplinärer kulturwissenschaftlicher Forschung im deutschsprachigen Wissenschaftsdiskurs auszuloten. Die Gestaltung der Reihe orientiert sich dementsprechend an der für *Cultural Studies* charakteristischen Offenheit und Heterogenität.
Diesen Vorgaben folgt auch die Konzeption des vorliegenden Einleitungsbandes: Die drei Teile des Buches stellen Entwicklungsstränge, zentrale Theorien und methodologische Einflüsse der *Cultural Studies* sowie aktuelle Forschungsfelder und Diskus-

sionen vor. Grundsätzlich haben wir versucht, jeden dieser Teile so zu gestalten, daß er für sich verständlich ist, d.h. daß das Buch nicht linear vom Anfang bis zum Ende gelesen werden muß. Darüber hinaus gibt es allerdings mehrere inhaltliche Schnittstellen zwischen den verschiedenen Abschnitten.

Der Schwerpunkt des historischen Überblicks liegt zunächst auf der Entwicklung der britischen *Cultural Studies* in den sechziger und siebziger Jahren und dem gesellschaftspolitischen und wissenschaftsgeschichtlichen Umfeld, in dem sie entstanden sind. Der zweite Abschnitt setzt sich mit der Erfolgsgeschichte der *Cultural Studies* auseinander, die v. a. mit ihren US-amerikanischen Varianten in Verbindung gebracht wird. Fast gleichzeitig mit diesem Boom setzte allerdings bereits erste Kritik an den nunmehr institutionell verankerten und international agierenden *Cultural Studies* ein.

Diese Kritik hängt nicht zuletzt mit der theoretischen Weiterentwicklung der *Cultural Studies* zusammen, und ebenso mit den vielfältigen Einflüssen, mit denen das »politisch-intellektuelle Projekt« durch seine vielfältige Rezeption über den anglo-amerikanischen Raum hinaus konfrontiert wurde. Der zweite Teil der Einführung schließt daher an die Darstellung der britischen *Cultural Studies* an und versucht anhand ihrer ›klassischen‹ Gegenstandsbereiche Popularkultur und Massenmedien einige jener Theorien herauszuarbeiten, durch die *Cultural Studies* auch über ihren Entstehungszusammenhang hinaus informiert wurden, Theorien, die sie ihrerseits mit ihren Fragestellungen und Problematisierungen weiterentwickelt haben.

Der dritte Teil setzt mit der Darstellung von einigen der aktuell am intensivsten diskutierten Forschungsfelder der *Cultural Studies* fort: Anhand von Kategorien wie *Identität*, *Geschlecht*, *Sexualität*, ›*Rasse*‹ und *Nation* finden gegenwärtig auch jene theoretischen wie politischen Auseinandersetzungen statt, die die »Krise« der *Cultural Studies* markieren. »Krise« bedeutet über den negativen alltagssprachlichen Gebrauch hinaus aber auch »Entscheidung« und »Wende«. Das Aufeinanderprallen von unterschiedlichen, teilweise gegensätzlichen theoretischen Traditionen und wissenschaftlichen Praktiken, die Übersetzung von Konzepten, die in spezifischen historischen Kontexten entwickelt worden sind, in neue Zusammenhänge kann auch Perspektiven für eine Forschungspraxis bedeuten, deren Anspruch es ist, unter veränderten Bedingungen neue Fragen zu stellen.

Einen vielversprechenden Weg beschreitet zum Beispiel die multilinguale Zeitschrift (im Englischen erscheint sie als Buchreihe) *Traces. A Multilingual Journal of Cultural Theory and Translation* (bisher erschienen: *Specters of the West and Politics of Translation,* hg. von Naoki Sakai und Yukiko Hanawa. 2001; sowie: *›Race‹ Panic and Memory of Migration,* hg. von Meaghan Morris und Brett de Bary. 2002). Die mehrsprachige kulturtheoretische Zeitschrift/Buchreihe kritisiert das massive West/Ost- und Nord/Süd-Gefälle bei der Wissensproduktion und -verteilung auch innerhalb der *Cultural Studies*: Das Selbstverständnis besonders Europas und der USA hat dazu geführt, daß nach wie vor ›im Westen‹ universale Theorien entwickelt und dann ›lokal‹ und ›regional‹ angewandt werden: Demgegenüber wird eine vergleichende Kulturtheorie angestrebt, die aufmerksam ist gegenüber transkulturellen Einflüssen auf theoretisches Wissen, das an geopolitisch spezifischen Orten produziert wird, und gleichzeitig untersucht, wie Theorien selbst durch die praktischen Effekte verändert werden, die entstehen, wenn sie an anderen Orten angewandt werden. Der Versuch einer mehrsprachigen Zeitschrift ist dabei gleichzeitig ein Versuch, mit Übersetzungsproblemen im wörtlichen wie übertragenen Sinn umzugehen: einerseits soll damit ein bewußtes Zeichen gegen eine westliche Dominanz gesetzt werden, die in der selbstverständlichen Verwendung der englischen Sprache ausgedrückt und festgeschrieben wird; andrerseits soll das aktive Wissen um Mißverständnisse und Fehlübersetzungen, wie sie ein praktizierter, mehrsprachiger Diskurs erzeugt und umso deutlicher macht, einen Ansatzpunkt dafür bieten, herauszufinden, wie solche Übersetzungsdefizite entstehen und wie man damit umgehen kann.

Einen kleinen Beitrag zu solchen Übersetzungen leisten zu können, war die Idee, die am Beginn dieser Reihe stand und uns dazu motiviert hat, uns an ein solches Unternehmen heranzuwagen. Ohne die Hilfe von vielen Freundinnen und Freunden, die sich mit uns auf dieses Abenteuer eingelassen haben, wäre aus der Idee niemals ein Projekt geworden und aus dem Projekt niemals ein Buch. Wir danken dem Verlag Turia + Kant dafür, die Reihe ins Leben gerufen zu haben, und dem Verlag Löcker, ihr einen neuen Ort zu geben; allen, die von Anfang des Projektes an ihr Interesse an der Übersetzung ihrer Texte in unserer Reihe bekundet haben, für ihre ›moralische‹ Unterstützung, besonders Larry Grossberg und James Donald für ihre Motivation und viele Anregungen; allen TeilnehmerInnen am Arbeitskreis *Cultural Studies*, in dessen Diskussionen wir viel über die ›transdisziplinäre Disziplin‹ – und die Grenzen von Interdisziplinarität gelernt haben; den kritischen Modell-LeserInnen des Textes Marie-Luise Angerer, Paul Ebner, Lynne Heller, Cornelia Klinger, Alex Lellek, Walter Pohl, Mona Singer, Georg Tillner, Ingo Vavra und Karl Vocelka, und ganz besonders Stefan Erdei und Eva Schwarzmann (sie sind viel mehr als Modell-LeserInnen!) sowie – allemal: Roman Horak. *Last, but not least*, wollen wir uns auch beieinander bedanken: Für eine Zusammenarbeit, die einfach großartig funktioniert, für alles, was man dabei lernt, wenn man gemeinsam einen Text verfaßt, und für den Spaß, den wir dabei haben!

2. Historischer Überblick

Ist heute von *Cultural Studies* die Rede, werden explizit meist die *anglo-amerikanischen Cultural Studies* angesprochen. Implizit ist damit häufig die Vorstellung einer britischen *Gründungsgeschichte* verbunden, die seit den achtziger Jahren in eine US-amerikanische *Erfolgsgeschichte* mündete. Dies läßt den Eindruck eines homogenen Projekts entstehen, das kontinuierlich von Phase zu Phase weiterentwickelt wurde. Gerade die Definition von *Cultural Studies* als einem historisch und geographisch, politisch und gesellschaftlich konkreten intellektuellen Unternehmen macht es notwendig, auch Ungleichzeitigkeiten und Brüche ihrer Entwicklungen aufzuzeigen: Denn Fragestellungen, die zu gewissen Zeitpunkten an einem Ort der Welt zentrale Bedeutungen haben, können gleichzeitig woanders für eine problemorientierte wissenschaftliche Praxis nicht mehr oder noch nicht wichtig sein und werden vielleicht nie eine Rolle spielen (Morris 1992, 451).

2.1 Ursprünge: Die Entwicklung von Cultural Studies in Grossbritannien

Betrachtet man die – mittlerweile kanonisierte und historisch aufgearbeitete, in manchem auch mythologisierte – Gründungsphase des Projekts *Cultural Studies*, wird deutlich, daß sowohl personelle wie auch methodische Stränge *Cultural Studies* mit einer bestimmten Ausformung der englischen Literaturwissenschaft verbinden, deren moralische und elitäre Grundeinstellung zu Fragen der Erziehung, Bildung und ästhetischen Wertung in den frühen Arbeiten zur Popularkultur teilweise weiterwirkte, teilweise aber auch den Ansatzpunkt für Kritik und eine methodische und theoretische Neuorientierung bildete. Diese Entwicklungen sollen im folgenden überblicksartig dargestellt werden.

2.1.1 Literatur als Leitmotiv von Kultur

Ähnlich wie im deutschen Sprachraum wurde der englische Sprach- und Literaturunterricht, die *English Studies*, seit der Herausbildung nationalstaatlicher Vorstellungen im 19. Jahrhundert als erste Vermittlungsinstanz einer Nationalkultur angesehen und erhielt damit eine moralische Qualität, die über die anderen Unterrichtsfächer bei weitem hinausreichte. Im Sinne nationalstaatlicher Identitätsstiftung (bzw. kulturimperialistischer Aktivitäten der Kolonialmacht England in den Randzonen der Insel und Übersee) wurden *English Studies* zum Schlüssel eines humanistischen Bildungsideals – und darüber hinaus einer zivilisierten Gesellschaft – erhoben. So konnte die Einheit Literatur-Sprache-Kultur als (national-)identitätsstiftende Ideologie verbindlich werden.

Der angestrebten kulturellen Homogenität des *empire* standen sowohl die Kultur einer zunächst internationalistisch agierenden Arbeiterklasse wie die einheimischen Kulturen der Kolonien als alternative kulturelle Traditionen gegenüber. Daher wurden – etwa in Indien – die seit langem bestehenden praktischen Anforderungen imperialistischer Kulturpolitik, nämlich die Heranbildung einer englischsprechenden lokalen Elite, mit einem ästhetisch-moralischen Subtext verbunden, der die ethische Überlegenheit des humanistischen Bildungsideals der *English Studies* in den Vordergrund rückte. Kultur (als deren Leitmotiv Literatur und Sprache wirkten, eine Gleichsetzung, die auch die Theorie und Methodik der *Cultural Studies* lange bestimmen wird) wurde im Bildungssystem des späten 19. Jahrhunderts somit ein Werkzeug moralischer Erziehung, ein Instrument zur kolonisatorischen, zivilisatorischen und in jedem Fall klassenverneinenden Konstruktion von *Englishness*.

Bezug genommen wurde dabei vor allem auf die Arbeiten des Kulturkritikers Matthew Arnold, insbesondere *Culture and Anarchy*, und die durch ihn begründete *culture and civilization*-Tradition. Für Arnold ist Kultur »das Beste, was in der Welt gesagt

und gedacht wurde« (»*The best that has been thought and said in the world*«. Matthew Arnold 1960, 6), daher vorzüglich als moralisches Leitsystem geeignet, die Bedrohungen der Anarchie abzuwenden und die soziale Ordnung abzusichern. Literaturkritik und Literaturunterricht haben nach Arnold die Aufgabe, dieses System kanonisch abzusichern (»*to make the best ideas prevail*«) und zu vermitteln.
Das Studium literarischer Werke gestaltete sich in diesem Sinn als Suche nach einem zeitlos gültigen Wertesystem und ebensolchen Wahrheiten. Diese moralische Setzung bestimmte auch die Methode der Literatur*kritik*, der *literary appreciation*, deren Aufgabe es war, die Qualitäten der Werke herauszufinden, die den postulierten Standards entsprachen. Diese Werke waren es auch, die möglichst umfassend rezipiert werden sollten.
Hinzu trat eine bestimmte Vorstellung über die Art kultureller Produktion: Kultur, *idealiter* repräsentiert im Literaturkanon, wurde den Schülern bzw. Studenten präsentiert als Produkt hervorragender Geister (ein Weiterwirken des romantischen Geniekults), die es verstanden, die zeitlos gültigen Wahrheiten zu erkennen und auf besondere, ästhetische Weise zu vermitteln. Dieser Elite an Künstlern war durch das Studium ihrer Werke und das Nachvollziehen ihrer Einsichten Ehre zu erweisen; an ihrem Beispiel konnte sich der eigene Charakter entwickeln. In dieser romantisch-zivilisatorischen Metapher wurde Kultur jedoch niemals als Produkt alltäglicher Kreativität verstanden, sondern stets in normativ-ästhetischem Sinn.
Das Literaturstudium erhielt auf dieser Grundlage eine ausgeprägte, jedoch uneingestandene politische Komponente (und wurde so zu einem Musterbeispiel einer hegemonial wirkenden kulturellen Praktik). In einem Gutachten, dem sogenannten »Newbolt Report« von 1920 mit dem bezeichnenden Titel *The Teaching of English in England* wurden diese Vorstellungen deutlich ausformuliert: Der Englischunterricht wurde als Priorität des Bildungswesens bezeichnet und als »Ansatzpunkt (*lever*) für die Erziehung der Massen« angesehen.

Im Zuge der Ausdehnung des bürgerlichen Bildungssystems erreichten diese Vorstellungen auch die Arbeiterklasse in speziellen Bildungsprogrammen, wie Stipendienprogrammen für Arbeiterkinder, vor allem aber in der Erwachsenenbildung. In diesen *University extension programmes* traf eine ästhetisierende und elitäre Tradition, die in den Eliteschulen und Universitäten des Bildungsbürgertums entstanden war und die Nation und kulturelle Überlegenheit des Englischen betonte, auf die Vorstellungen einer starken eigenständigen Arbeiterkultur. Diese war im Marxismus verwurzelt und hatte sich in der zweiten Hälfte des 19. Jahrhunderts relativ unbehelligt von direkter Intervention der herrschenden Klasse entwickelt. Die ideologische Vereinnahmung durch das Bürgertum sollte nun den ›respektablen‹ Teil der Arbeiterklasse über den Englisch- und Literaturunterricht in die Kultur des Bildungsbürgertums eintreten lassen und durch den gemeinsamen kulturellen Horizont ›regierungsfähig‹ machen, gleichzeitig jedoch auch seinen Wurzeln in der Arbeiterkultur entfremden.

2.1.2 Leavis und *Scrutiny*

Bei diesen Programmen erwies sich die Arnoldsche Tradition als bestimmend und fand ihre Sprecher in den Theorien zur Literaturkritik von F. R. und Q. D. Leavis und der Zeitschrift *Scrutiny*. F. R. Leavis wendete Arnolds Kulturkritik zunächst auf die vermeintliche ›Kulturkrise‹ der dreißiger Jahre des 20. Jahrhunderts an und setzte seine elitären Überlegungen in bezug auf ästhetische und moralische Wertungen der Popularkultur entgegen. Vor allem der amerikanische Einfluß – nach dem 1. Weltkrieg deutlicher sichtbar als zuvor – wurde als Bedrohung für den klassischen Kanon angesehen und dessen Verteidigung als primäres Unterrichtsziel erachtet. Der kommerzialisierten Massenkultur wurde das Bild einer ursprünglichen, organischen und kohärenten ›englischen‹ Kultur der Vergangenheit entgegengesetzt, die zwar verloren, aber durch das Literaturstudium noch zugänglich war. Es galt für die

Literaturkritik, dem unter dem Einfluß der (amerikanischen) Massenmedien Film, Fernsehen, Radio, Trivialliteratur und Boulevardpresse sich abzeichnenden Kulturverfall, gekennzeichnet durch Kommerzialisierung, Nivellierung und Standardisierung, entgegenzusteuern. Leavis' Manifeste traten gegen diese Massenkultur an und riefen dazu auf, ihren schädlichen Einflüssen Widerstand zu leisten, und das möglichst schon in den Schulen.
Die Wächter des Kanons blieben somit die Wächter der Moral, es wurde jedoch zunehmend wichtiger, die schädlichen Komponenten der Massenkultur zu identifizieren, zu beschreiben, und die besonderen Qualitäten des Kanons darzustellen, um die vermeintliche (ästhetische) Überlegenheit zu demonstrieren. Damit wurden von Leavis Techniken der Literaturanalyse (*close reading*, also das interpretierende, einfühlsame Lesen von Texten, das Übung und die Kenntnis anderer Texte erforderte und zugleich den ästhetischen Wert der Texte aufzeigte) zum ersten Mal auf populare Kulturformen erweitert, ohne die Überlegenheit des Kanons dadurch zu hinterfragen. Es war für Leavis und seine Schule klar, daß Auswahl und Wertschätzung einer so verstandenen Kultur nur von einer Elite geleistet werden konnten, die die Massen führte, deren Elitestatus andrerseits jedoch durch das Verständnis der ästhetischen Werte von Kultur legitimiert und somit zum sozialen Distinktionsmechanismus wurde. Konsequenterweise wurden demokratische Vorstellungen für den kulturellen Bereich im Zeitalter der Massenkultur und die Wertschätzung wahrer Kultur als unversöhnlich dargestellt.
So begründete die Leavis-Schule die Notwendigkeit der Auseinandersetzung mit Popularkultur – wenngleich unter eindeutig wertenden Prämissen – und öffnete mit der wissenschaftlichen Zeitschrift *Scrutiny* vom Beginn der dreißiger bis in die fünfziger Jahre einen Raum zumindest für die Diskussion popularkultureller Formen. ›Leavisismus‹ war damit in den englischen Geisteswissenschaften das einzige intellektuelle Feld, in dem eine ernsthafte Auseinandersetzung mit Popularkultur stattfinden konnte, und zwar durch die Anwendung literaturwissenschaftlicher Methoden, die die Überle-

genheit der Hochkultur zu beweisen hatten und dem Kulturverfall entgegensteuern sollten.

2.1.3 Ursprünge der Cultural Studies

Leavis' Zugang war vom Kultur-Elitarismus einer kolonialen, hierarchischen Gesellschaft gekennzeichnet, die den Zugang zu Bildung nach sozialer Zugehörigkeit bestimmte. Die gesellschaftlichen Entwicklungen Großbritanniens nach dem Zweiten Weltkrieg (*Labour*-Regierung und Aufbau eines Wohlfahrtsstaates) veränderten die sozialen Voraussetzungen des Bildungssystems jedoch grundlegend. Stipendienprogramme, ergänzt durch eine breitangelegte Erwachsenenbildungsbewegung, ermöglichten einer Reihe von Leuten aus der traditionellen Arbeiterklasse den Zugang zu höherer Bildung. Dadurch wurde eine erneute Diskussion über Bildungsinhalte und den traditionellen Kanon ausgelöst. Viele der späteren ›Gründerväter‹ der *Cultural Studies* kamen aus dem Umfeld der Erwachsenenbildung. Sie brachten ihre persönlichen Erfahrungen mit ausgegrenzten und verachteten kulturellen Formen und Praktiken in die Diskussion ein. Gleichzeitig wurde der Graben vor allem in der Erwachsenenbildung zwischen den bildungselitären Lehrinhalten wie Programmen der *English Studies* und den alltagskulturellen Erfahrungen der Lernenden vor dem Hintergrund einer rasanten Ausbreitung der Massenmedien immer offensichtlicher und stellte die moralisch-ästhetischen Vorgaben der Lehrtradition in Frage.
Aus diesem Zusammenhang entstand einer der ersten wesentlichen Texte für die Wissenschaftstradition der *Cultural Studies*, Richard Hoggarts *The Uses of Literacy.*

Richard Hoggart: The Uses of Literacy (1958)

Richard Hoggart stammte aus dem Arbeitermilieu Nordenglands und war lange Zeit in der Erwachsenenbildung tätig; *The Uses of*

Literacy wendet sich deutlich an Leser aus diesem Umfeld. Seine praktische und theoretische Arbeit in der Erwachsenenbildung hatten es Hoggart deutlich gemacht, daß die Popularkultur nicht einfach von der Literaturwissenschaft ignoriert oder ausgegrenzt werden könne; seine Studenten lebten mit ihren Erscheinungsformen, und Hoggart war überzeugt, daß die Methoden der Literaturkritik nicht nur für das Studium des traditionellen Kanons klassischer Werke von Bedeutung wären, sondern auch für ein Verständnis aller Arten schriftlicher und vieler anderer Formen kultureller Erzeugnisse.

The Uses of Literacy ist der Versuch einer Beschreibung von (persönlich erlebter) Arbeiter-Kultur (im England der Zwischenkriegszeit) als Ausdruck und Form einer spezifischen Ästhetik, die das Gemeinschaftliche betont und sich in einer intensiven Erfahrung und Gestaltung des Alltags, der Lebens-, Arbeits- und Freizeitrituale ausdrückt. Alltag wurde als kulturelle Kategorie der englischen Arbeiterkultur ernstgenommen und interpretiert, wobei die Klammer der diversen Erscheinungsformen der Alltagskultur in der Vermittlung einer kollektiven, klassenspezifischen Identität besteht. Arbeiterkultur wird als ein »reiches, volles Leben« (»*rich full life*«), eine gelebte Kultur beschrieben, deren einzelne Elemente in sich stimmig sind und in einem inneren Zusammenhang stehen. Verbürgt wird Hoggarts Analyse durch die Authentizität persönlicher Erfahrung – ein methodisches Vorgehen, das für die *Cultural Studies* bestimmend werden sollte: Erfahrung (»*lived experience*«) als Ausgangspunkt wissenschaftlicher Analyse. Der (in Ansätzen verklärenden) Analyse der Arbeiterkultur zwischen den Weltkriegen wird von Hoggart die ›Massenkultur‹ der Nachkriegszeit gegenübergestellt, die die traditionellen Solidaritäts- und Gemeinschaftswerte auflöste und sich vor allem negativ auf die Jugend auswirkte. Das Nachkriegsproletariat hatte für Hoggart seinen Klassencharakter (im Marxschen Sinn durch ein gemeinsames Bewußtsein, also die proletarischen kulturellen Werte verstanden) verloren, nicht zuletzt durch die amerikanischen Formen der Massenkultur – eine klare Anknüpfung an Leavis.

Hoggart behielt so die prinzipiell wertende Haltung der zeitgenössischen Literaturwissenschaft bei, dehnte sie jedoch auf einen anderen Gegenstandsbereich aus und analysierte vor allem die Zusammenhänge zwischen kulturellen Formen und Praktiken, die die eigentliche, kollektive Sinnstiftung der Kultur einer Bevölkerungsgruppe – ihre *community* – bewirken. Diese Methode ist tatsächlich nicht neu, sondern ergibt sich aus der Tradition, der Hoggart entstammt: Die *English Studies* waren ebenfalls Bestandteil eines *sozialen* Projektes (der Konstruktion einer englischen – nationalen – Identität) unter ähnlichen Vorzeichen einer Wertung und Kanonisierung. Hoggart rekonstituierte diese Prämissen in *politischem* Sinn unter den speziellen Bedingungen seiner proletarischen Herkunft, der Erwachsenenbildung und der grundlegenden Veränderung der sozialen Struktur der britischen Arbeiterklasse nach dem 2. Weltkrieg. Gleichzeitig veränderte er das *Objekt* der *English Studies*, indem er es über die Literatur – und die anderen beiden Bereiche der bildungsbürgerlichen (Hoch-)Kulturtrias, Musik und Kunst – hinaus ausdehnte.
Das Buch verhalf Hoggart zu einer prominenten Stellung in Diskussionen über Massenkultur und die Rolle der Medien, die schließlich 1964 zur Gründung des *Birmingham Centre for Contemporary Cultural Studies* (CCCS) führten, dem Hoggart bis 1968 vorstand und das alle weiteren Entwicklungen der britischen *Cultural Studies* maßgeblich beeinflußte.
Ein ähnliches Interesse an popularen Kulturformen und ihrer politischen Komponente bestimmte die Arbeiten von Raymond Williams und E. P. Thompson, und es ist kein Zufall, daß beide ebenfalls aus der Erwachsenenbildung kamen und von dort ein interdisziplinäres Interesse in ihre Untersuchungen einbrachten.

Raymond Williams: Culture and Society und The Long Revolution

Raymond Williams war wie Hoggart in der Erwachsenenbildung tätig, stand aber lange Zeit in keinem direkten Kontakt mit ihm. Seine Jugend war geprägt durch die proletarische Kultur von

Wales. Er galt als Sympathisant linken Gedankenguts, deklarierte sich jedoch erst 1977 explizit als Marxist. Dennoch war er in die tiefgreifenden ideologischen Diskussionen innerhalb der Erwachsenenbildungsszene involviert. Wissenschaft und deren Vermittlung waren somit auch für ihn von politischen Komponenten bestimmt.

In seiner grundsätzlichen Abhandlung *Culture and Society 1780–1950* (1958) analysierte er das Konzept *culture* – neben anderen zentralen Begriffen des 19. und 20. Jahrhunderts – seit der industriellen Revolution anhand von Äußerungen von Schriftstellern und Dichtern der Zeit, die er als Indizien einer neuen Einstellung ansah. Dabei gelangte er zu der oft zitierten Definition von Kultur als »umfassende Lebensweise, ... als Weg, alle unsere gemeinsamen Erfahrungen darzustellen« (»*whole way of life, ... as a mode of interpreting all our common experience*«. Williams 1958, xviii). Diese Bedeutung ergänzte diejenige von *culture* als eigenständige Sphäre moralischer und intellektueller Aktivitäten und einer Art Gerichtsinstanz des Humanen (»*... a separate body of moral and intellectual activities, and the offering of a court of human appeal ...*« Ebd.). Diese Definition zeigt bereits die Bereitschaft an, literaturwissenschaftliche Textanalyse auf einen weiteren Gegenstandsbereich auszudehnen. Tatsächlich stellte Williams im letzten Kapitel Überlegungen zur Popularkultur an und trat verbreiteten Vorurteilen gegenüber dem *mob*, vor allem aber einer grundsätzlichen Geringschätzung popularkultureller Formen und einem vermeintlichen Kulturverfall durch Massenkommunikation, entgegen. Massenhafte Verbreitung allein würde den Wert der kulturellen Erzeugnisse nicht *a priori* festlegen, sondern deren inhärente Qualität innerhalb einer kulturellen Gattung, wie Film oder Zeitung, müsse bewertet werden. Durch diesen Zugang werden einzelne Produkte der Massenkultur gegenüber anderen legitimiert, ästhetischer Wert bleibt jedoch als prinzipielle Kategorie erhalten. Schließlich fügt Williams Überlegungen zu einer kollektiven, auf Werten der Solidarität basierenden Arbeiterkultur an, die der individualistischen bourgeoisen Kultur gegenübersteht, betont jedoch auch die Schwierigkeiten einer klaren Grenzziehung. In dieser Diskussion wird Williams' permanentes Ringen mit marxistischen Ideen deutlich.

Die Ausweitung des Kulturverständnisses führte zu Williams' zweiter für die *Cultural Studies* wesentlicher Arbeit: *The Long Revolution* (1961). Kultur wird hier ausdrücklich (in anthropologischem Sinn) als Lebensweise definiert, die sich in Institutionen und im Alltagsverhalten ebenso ausdrückt wie in Kunst und Literatur. Hier bricht Williams mit der literarisch-moralischen Tradition von Kulturkritik, die Analyse von Kultur wird zur Gesellschaftsanalyse (Horak 1998d) – was zu einer entscheidenden Grundlage der *Cultural Studies* als Disziplin werden sollte. Die verschiedenen Elemente einer Kultur werden wie bei Hoggart zueinander in Beziehung gesetzt und als Ausdruck einer ›Gefühlsstruktur‹ (*structure of feeling*) gedeutet, als gemeinsame Erfahrungen und Werte einer bestimmten Gruppe, Klasse oder Gesellschaft. Damit wird individuelle Alltagserfahrung gegenüber rein ideologisch vermitteltem Bewußtsein privilegiert und rehabilitiert. Alltag wird zum Schnittpunkt und Hebel gegen ein streng marxistisches Modell der Determinierung. Die Möglichkeit von individueller Erfahrung und Widerstand (ein Konzept, das auch für die Sozialgeschichte wesentlich werden sollte und von E. P. Thompson ähnlich verwendet wurde) wird anerkannt.

Für Williams war es folglich notwendig, Literatur und Geschichte zueinander in Beziehung zu setzen; er insistierte freilich – treu seiner literaturwissenschaftlichen Ausbildung in der Leavis-Tradition – auf dem Vorrang des Textes gegenüber dem Kontext: Literarische Texte durften seiner Ansicht nach nicht als Quelle sozialer Wirklichkeit gelesen werden. *Close reading* blieb für Williams die dominante Methode und differenzierte damit die Literaturwissenschaft (bei aller Förderung der Interdisziplinarität) von der Geschichte. Dieser Ansatz hatte für Williams auch seine Berechtigung jenseits der Literatur, etwa bei Zeitungen und Werbung, aber auch bei Rundfunk, Film und sogar Stadtplanung. Eine Konzentration auf das ›Lesen‹ dieser kulturellen Formen und eine gewisse Marginalisierung des sozialen und historischen Hintergrundes zeichnete daher bereits diesen Vorläufer der *Cultural Studies* aus. Eine gewisse Distanz zu den historischen Disziplinen blieb in der Folge charakteristisch für die *Cultural Studies*.

E. P. Thompson: The Making of the English Working Class

Im Gegensatz zu Hoggart und Williams kam der Historiker E. P. Thompson aus einer bildungsbürgerlichen Familie und bekannte sich explizit zum Marxismus (was ihn fast seine Stellung in der Erwachsenenbildung gekostet hätte: Unmittelbar nach seiner Bestellung 1948 wurde es für Kommunisten praktisch unmöglich, eine solche Position zu bekleiden). Seine Unterrichtstätigkeit in der Arbeiter- und Erwachsenenbildung umfaßte sowohl Literatur als auch Sozialgeschichte. Thompson benutzte dabei bevorzugt lokale Quellen und Dokumente, um seinem Publikum einen Sinn seiner eigenen Identität (im Sinne eines Klassenbewußtseins) zu vermitteln. Bestimmend für sein Verständnis des Verhältnisses von Hoch- und Popularkultur war das Element des *Konflikts* zwischen (klassenspezifischen) kulturellen Erscheinungsformen. Daher konzentrierte er sich auf die Beschreibung der marginalisierten kulturellen Bedeutungen, der Sackgassen und Mißerfolge, der Unterdrückung von Ritualen und Institutionen, die Unterwerfung bedeuten, aber auch fortwährenden Widerstand sichtbar machen. Wie Raymond Williams glaubte er an eine Popularkultur, die prinzipiell antihegemonial arbeitete, auch wenn sie in kontinuierlichem Austausch mit der Kultur der herrschenden Klasse stand und sich zum Teil ihrer Formen bediente. So kam auch er zu einer Dämonisierung der amerikanischen Massenkultur, die die eigenständigen (englischen) Traditionen des Widerstands und der Rebellion ausrottete.

Thompsons Ideen kulminierten in seiner historischen Untersuchung *The Making of the English Working Class* (1961). Wie Williams verweigerte er sich in seiner Analyse der Entstehung eines Klassenbewußtseins unter den englischen Arbeitern einem ökonomischen Determinismus und betonte die Rolle von Kultur, subjektiver Erfahrung und Widerstand. Er definierte Kultur als Konflikt zwischen Lebensformen (*ways of life*), als *whole way of struggle*, und beschrieb die Erfahrungen, Werte und Ideen ›gewöhnlicher‹ Menschen. Er interpretierte diese als historischen Prozeß, in dem die Arbeiterklasse aktiv zu ihrer Entstehung beitrug und eine lebendige, politisch selbstbewußte kulturelle Basis für ihre soziale Formation schuf.

Klasse wurde von Thompson als prozeßhaft entstandenes historisches Phänomen verstanden, nicht als soziale Kategorie oder Struktur. Dadurch wird das aktive Handeln der Betroffenen in ihren Beziehungen zueinander und zu den Machthabern in den Vordergrund gerückt (die Formulierung »*Making*« im englischen Originaltext betont dies deutlicher als die deutsche Übersetzung »Entstehung«). Aus Verhaltensmustern und Ritualen werden vorsichtige Rückschlüsse auf Bedeutungen für die Betroffenen gezogen; so näherte sich Thompson anthropologischen Methoden. Konflikte wurden praktisch immer zwischen herrschender und popularer Kultur ausgemacht, diese selbst jedoch als relativ homogen und kohärent, wenngleich prozeßhaft entstanden, vorgestellt – das romantisierende *community*-Ideal wurde also in der Interpretation aufrechterhalten.

Thompsons Einfluß wirkte sich weniger direkt auf die *Cultural Studies* aus, die vom literaturwissenschaftlichen Paradigma bis in die achtziger Jahre geprägt blieben, sondern auf die Sozialgeschichte. *The Making of the English Working Class* wurde zum Musterbeispiel einer ›Geschichte von unten‹, die mit der Politisierung der Sozialgeschichte immer mehr zur Alternative herrschafts- und diplomatiegeschichtlicher Historiographie wurde. Bestimmt wurde dieser Zugang durch den Versuch, den unterdrückten Erfahrungen in der Geschichte ihre Stimme zu verleihen und ihre aktive und gestaltende Rolle im historischen Prozeß zu rehabilitieren. Der (noch immer vorherrschende) Widerstand der Historiker gegen Theorienbildung ließ die Arbeiten Thompsons als mustergültig für die Alltagsgeschichte, *oral history*, Lokalgeschichte (*»dig where you stand«:* Thompson verließ sich sehr stark auf lokale Quellen aus Yorkshire) und andere identitätsstiftende, ethnographisch orientierte historische Unterfangen werden. Kultur wurde als Motor historischer Veränderungen angesehen, woraus aber auch eine Entfremdung der *Cultural Studies* von der Fachdisziplin Geschichte resultierte. Umgekehrt griff Geschichte als Disziplin in der Folge in ihrer emanzipatorisch-kritischen Ausrichtung eher auf die – ihrerseits sich sehr eigenständig entwickelnde – französische *annales*-Schule einerseits und die *micro-histoire* (Carlo Ginzburg) andrerseits zurück, wobei sie gegenüber den strukturalistischen und (post-)marxistischen Entwicklungen, die sich in den *Cultural Studies* durchsetzten, jedoch skeptisch blieb (und bleibt). Erst über die Kulturanthropologie (Clifford Geertz) fand eine gewisse Annäherung statt, die jedoch noch keineswegs als fortgeschritten zu bezeichnen ist.

2.1.4 Das Birmingham Centre for Contemporary Cultural Studies

Die Gründung dieser Institution ist als unmittelbare Reaktion auf die vorherrschende Art des Literaturunterrichts in den *English Studies* zu verstehen, stand jedoch von Anfang an unter dem Postulat der Interdisziplinarität. Nach Richard Hoggarts Vorstellungen sollten die am CCCS betriebenen *Cultural Studies* eine historische, eine literarische und eine soziologische Komponente zur Analyse kultureller Formen, Praktiken und Institutionen vereinen. Ein unmittelbar gesellschaftsbezogen-politischer Charakter war dem Projekt *Cultural Studies* von Beginn an immanent. 1964 erfuhr es in Birmingham eine institutionelle Verankerung, konzentrierte sich allerdings – nicht zuletzt aufgrund der Konflikte sowohl mit dem literaturwissenschaftlichen als auch dem soziologischen Institut der Universität Birmingham – auf postgraduale Ausbildung und Forschung. Mit einem Minimum an Personal wurde vor allem Wert auf studentische Projektarbeit und Publikationstätigkeit

gelegt, die Ausbildung fand in kleinen, thematisch zusammengestellten Arbeitsgruppen statt.
Ohne zunächst eine sich explizit von Leavis unterscheidende Theorie oder Methode (der Literatur-/Kulturkritik, also des *close reading*) zu entwickeln, allerdings mit einem klaren soziologisch-politischen Auftrag, wurde der Schwerpunkt der Untersuchungsgegenstände bewußt auf die proletarische (Alltags-)kultur verschoben. Dies muß angesichts der Vorherrschaft von Leavis' Kulturideologie als eindeutig politischer Anspruch angesehen werden: Jedermann sollte als Produzent und Konsument von Kultur gleichermaßen ernstgenommen werden, und der Wissenschaftsbetrieb mußte sich popularkultureller Formen ebenso annehmen wie hochkultureller. In diesem Anspruch spiegelte sich die grundsätzliche Auseinandersetzung mit dem Marxismus und der Neuen Linken wider, die auch die weitere Arbeit des CCCS und der britischen *Cultural Studies* bestimmen sollte. Der marxistische Klassenbegriff war verhältnismäßig leicht mit den Interessen des CCCS in Einklang zu bringen, und die Annahme der relativen Autonomie der ideologischen Ebene von ökonomischen Grundlagen, die das Denken der Neuen Linken bestimmte, ließ auch eine Konzentration auf Kultur als ›Überbauphänomen‹ gerechtfertigt erscheinen.
Das CCCS ist daher ohne das Auftreten der Neuen Linken in England der 1950er Jahre und ihrem Einfluß vor 1961 nicht zu verstehen: Vollbeschäftigung und Wohlfahrtsstaat gaben dem Sozialismus neue Vorgaben, deren Eckpfeiler Antirassismus, Antiimperialismus, nukleare Abrüstung und Beseitigung von Bildungsprivilegien waren. Sieht man vom Ruf nach Nationalisierung der Industrie ab, so waren dies weitgehend kulturelle Forderungen, die das politische Handeln bestimmten. Sie wurden hauptsächlich von Intellektuellen getragen, die die *Labour*-Partei nicht mehr als Organisation zur Verwirklichung sozialistischer Ideen ansehen konnten. In ihrem wichtigsten Organ, dem *New Left Review*, unter deren ersten Herausgebern der spätere Direktor des CCCS Stuart Hall war, wurden bereits Ende der fünfziger Jahre viele Aspekte der Arbeiterkultur diskutiert, ihr Eigenwert gegenüber hochkultu-

rellen Formen betont und mit kulturpolitischen Fragen – etwa dem Bildungsauftrag der BBC, dem ein konservativ-bildungsbürgerliches Kulturverständnis zugrunde lag – verbunden. Diese intellektuelle Grundlage, die in deutlichem Gegensatz zu Hoggarts, aber auch Williams' romantisch-sentimentaler Verklärung einer ›organischen‹ Arbeiterkultur der Vergangenheit stand, war das eigentliche Marxismus-Konzept, das am CCCS vor allem nach Hoggarts Abgang zur Wirkung kam und flexibel genug war, die weiteren theoretischen Diskussionen und praktischen Analysen, deren Schwerpunkt sich zunehmend verlagern sollte, zu begleiten.

Hoggarts ursprüngliches Interesse, die Alltagskultur der Arbeiterklasse zu untersuchen, wurde bald von einem Interesse an den Vermittlungsinstanzen moderner Popularkultur, den Massenmedien, überlagert. Die Ursprünge in der Literaturwissenschaft verhinderten jedoch eine Übernahme empirischer Methoden der amerikanischen Medienwissenschaften und ließen so einen eigenständigen Zugang zu diesem Phänomen entstehen, der Methoden der Textanalyse mit soziologischen und historischen Zugängen zu verbinden trachtete.

Besonders unter der Führung Stuart Halls (1968–1979) wurde dieser (politische) Aspekt der Untersuchungen des CCCS betont und erhielt eine entscheidende theoretische Wende. Ihre interdisziplinären Ansätze hatten nicht nur Hoggart, sondern auch Williams und Thompson vernichtende Kritik der Fach-Spezialisten eingetragen. Es war Hoggart klar, daß die angestrebte Interdisziplinarität ausgereiftere theoretische Grundlagen erforderte, die es am CCCS zu entwickeln galt, und er hatte Stuart Hall unter diesen Vorgaben rekrutiert. Der Einfluß europäischer Philosophien, insbesondere der ideologiekritischen Arbeiten Louis Althussers, ließ besonders die Beziehung zwischen Ideologie und Medien in den Mittelpunkt des Interesses treten.

Stuart Hall öffnete damit das CCCS der theoretischen Komplexität der französischen Philosophie des Poststrukturalismus und den ihr zugrundeliegenden semiotischen und strukturalistischen Zugängen zu kulturellen Phänomenen. Gerade der Strukturalismus und seine kultursemantischen Ausformungen (etwa in der strukturalen Anthropologie von Claude Lévi-Strauss oder der Kulturkritik von Roland Barthes) boten einen Anstoß für interdisziplinäre Forschungen zu sehr heterogenen kulturellen Formen. Das Klima politischer Radikalisierung Ende der sechziger Jahre begünstigte darüber hinaus eine Neuinterpretation des marxistischen Ideologiebegriffs: Strukturelle Analysen dienten zunehmend dazu, die den kulturellen Formen zugrundeliegenden Ideologien aufzudecken, um eine entmythologisierte, entmystifizierte Sicht auf gesellschaftliche Zusammenhänge zu eröffnen. Kultur wurde als Feld der Auseinandersetzung um die Definition von Bedeutungen ›gelesen‹, Medientexte einer exemplarischen Analyse der Wirkungsweise von Ideologie unterzogen, um herauszufinden, durch welche Vorgänge die Verteilung politischer Macht und ökonomischer Ressourcen durch kulturelle Prozesse als natürlich, fair und normal präsentiert, also zu einem gemeinschaftlichen *common sense* wird.

Angereichert durch die postfreudianischen Lehren von Jacques Lacan und Julia Kristeva, erhielten die am CCCS betriebenen *Cultural Studies* somit ein theoretisches und methodisches Grundgerüst, das Semiotik, Psychoanalyse und (neo-)marxistische politische Theorie bei der Interpretation von kulturellen Phänomenen verband und bei dem die daraus resultierende Textanalyse zur bevorzugten Methode wurde. Die theoretisch ausgereiften Interpretationsmethoden grenzten die Analysen der Massenmedien und ihrer Botschaften deutlich von der amerikanischen, behavioristischen Mediensoziologie ab, die von einem simplen Kommunikationsmodell ausging, das Bedeutung als transparent vermittelt und das Publikum als passiven, leicht manipulierbaren Empfänger von Inhalten beschreibt. Die Komplexität des Ideologiebegriffs und das Einbeziehen strukturaler Linguistik wies demgegenüber den Weg zur Anerkennung der prinzipiellen Vieldeutigkeit kultureller Botschaften.

Für das Selbstverständnis des CCCS – und als Folge der britischen *Cultural Studies*, für die das CCCS seit seiner Gründung eine zentrale Institution darstellte – blieb die Offenheit gegenüber Theorien und Methoden ein vorherrschendes Charakteristikum (das bereits in der Forderung nach Interdisziplinarität angelegt war). Die Betonung der Notwendigkeit von Theoriebildung, die auch vor der Komplexität der Dekonstruktion oder eines Lacanianischen Feminismus nicht haltmachte, brachte den *Cultural Studies* zeitweise den Vorwurf der Esoterik und Abgehobenheit ein; dennoch wurde der ursprüngliche Zweck solcher Theorien – die politisch informierte Analyse kultureller Formen und Praktiken – nie aus den Augen verloren. Gleichzeitig bewirkte die theoretische Offenheit, daß das Projekt *Cultural Studies* am CCCS seine Innovationsfähigkeit bewahrte, auf kulturelle Veränderungen eingehen konnte und nicht bei Hoggarts Gegenentwurf zur Arnold/ Leavis-Tradition aus Sicht der Arbeiterklasse Halt machte.

Darüber hinaus wurde großer Wert auf *lived experience* (Alltagserfahrungen im Sinne eines erweiterten Kulturbegriffs) gelegt, die bei Wahl und Zugang der Untersuchungsgegenstände bestimmend blieb. In diesem Sinn ergänzten ethnographische Methoden (vor allem im Zusammenhang mit der Rezeption von Fernsehsendungen und der Subkulturforschung) die Textanalysen. Aufgrund der spezifischen Tradition der *Cultural Studies* war es jedoch in diesem Feld weit problematischer, entsprechende theoretische Modelle zu entwickeln, die zwischen ethnologischer teilnehmender Beobachtung und empirischer Sozialforschung als eigenständiger Zugang gelten konnten.

Zum Teil als Reaktion auf die Subkulturstudien, die die männliche Sichtweise privilegierten, fanden in den späten siebziger Jahren *feministische Theorien* und Arbeiten zu *Rassismen* Eingang in das CCCS und problematisierten in zunehmendem Maß die Kategorie *Klasse* als dominantes Deutungsparadigma der den kulturellen Formen zugrundeliegenden sozialen Prozesse. Dadurch wurde die Frage der Identitätskonstitution durch Kultur – die im Ideologiebegriff angelegt war – zu einem bevorzugten Arbeitsgebiet. Gemeinsam mit den Einflüssen von (Lacanianischer) Psychoanalyse und Poststrukturalismus half die feministische Kritik, einen neuen Schwerpunkt der *Cultural Studies* im Bereich der

Identitäts-, Subjektivitäts- und Geschlechterkonstruktion über und durch Kultur zu setzen. Dies erlaubte eine weiterreichende Kapitalismuskritik als der Klassenbegriff – eine Arbeit, die nach wie vor unabgeschlossen ist. So konnten Arbeiten über Rassismen oder (in den achtziger Jahren) Thatcherismus auf eine fundierte theoretische Basis gestellt werden, ohne das politische Engagement der Arbeiten aufzugeben.

Die Übernahme der Leitung des CCCS durch Richard Johnson im Jahr 1979 ließ die reine Textanalyse gegenüber der Rolle von Geschichte und Alltagskultur etwas zurücktreten. Zunehmend wurde unter dem Einfluß der Rezeption der Arbeiten von Antonio Gramsci und Michel de Certeau Popularkultur nicht nur als Mittel des Transports dominanter Ideologien, sondern auch als Ort des Widerstandes und der produktiven Aneignung potentiell mehrdeutiger Inhalte angesehen. *Hegemonie* betont als forschungsleitende Kategorie den dynamischen Charakter der Konsensbildung zwischen dominanten und unterdrückten Bedeutungen im kulturellen Feld.

Kulturelle Texte wurden daraufhin befragt, welche Möglichkeiten der produktiven und subversiven Aneignung sie den nicht-dominanten Gruppen (die nicht mehr rein klassenspezifisch definiert werden konnten) erlaubten, wobei die konkreten Formen der Aneignung bei spezifischen Bevölkerungsgruppen untersucht wurden. Dieser Blick auf Kultur öffnete wiederum einen größeren Spielraum für individuelles und kollektives politisches Handeln (*human agency*), als dies in einem von Louis Althusser geprägten Ideologiebegriff möglich schien. Der Ausgang der Konflikte um Bedeutungen und Interpretationen im kulturellen Feld wurde nun als offen angesehen, nicht mehr vollständig determiniert durch die dominante Ideologie. Dekonstruktivistische Vorstellungen über die prinzipiell unabgeschlossene Produktivität von Zeichen konnten in diese Überlegungen sinnvoll integriert werden: Der intertextuell (durch den Bezug auf andere Texte der gleichen Gattung) und intertextuell (durch den Bezug auf andere Textsorten) bedingte Überschuß an Bedeutungen, der den kulturellen Formen inhärent ist, produziert immer neue Möglichkeiten von *pleasure* und *identity*, die Optionen für Widerstand bieten, gleichzeitig aber auch der Macht ihrer hegemonialen Interpretation (durch den Kapitalismus) unterworfen sind. Die Komplexität dieser kulturellen Mechanismen wurde zunehmend in den Analysen respektiert. Sinn und Bedeutungen gehen in diesem Zugang nicht in intellektueller Verzweiflung (über den Mangel an totalisierender Kontrolle?) unter, sondern konstituieren sich dynamisch immer wieder neu.

Jean Larrain, ein Soziologe, führt die ideologiekritische Arbeit des CCCS fort. Unter seiner Führung wurde das CCCS immer mehr einem regulären Universitätsinstitut angeglichen.

Das CCCS trat an, die disziplinären Grenzen eines traditionellen Bildungssystems aufzubrechen und das Studium von Kultur zu demokratisieren. Damit wurde es exemplarisch für eine Reihe von anderen interdisziplinären Institutionen (das *Centre of Television Research*/Leeds, das *Centre for Mass Communication Research*/ Leicester, die *Glasgow Media Group* usw.), von Zeitschriften (*Marxism Today, Screen, New Formations, Cultural Studies, Public Culture, Positions*, die Reihen *New Accents, Studies in Communication* usw.) und Einzelforschungen. Sein Einflußbereich dehnte sich über die Grenzen von Großbritannien hinaus aus. Eine ursprünglich in Cardiff arbeitende Gruppe um Terence Hawkes, John Fiske und Christopher Norris bemühte sich in der bei Methuen/Routledge herausgegebenen Reihe *New Accents* vor allem um die didaktische Weitergabe der *Cultural Studies*. Auch die Erwachsenenbildungsprogramme der *Open University* wurden zu wesentlichen Vermittlungsinstanzen der Erkenntnisse des CCCS und der *Cultural Studies* allgemein, zunächst durch den 1977 begonnenen Kurs *Mass Communication and Society*, vor allem aber durch das Programm *Popular Culture* (1982–1987) durch das *Department of Sociology* der *Open University*, an dem Stuart Hall seit 1977 arbeitet, und das Programm *Culture, Media and Identities*, deren Publikationen einen Überblick über den Diskussionsstand geben und einen Raum zwischen Neoliberalismus und marxistisch fundiertem, emanzipatorischem Engagement für die

Cultural Studies zu öffnen versuchen. *Cultural Studies* wurden durch die Initiativen der *Open University* (wieder) zu einem wesentlichen Inhalt des nicht-traditionellen Bildungsweges und nehmen damit die Tradition der Gründerväter auf.

2.2 Boom, Kritik und Krise – Cultural Studies in den 80er und 90er Jahren

Die britischen *Cultural Studies* der sechziger und siebziger Jahre und die historischen Zusammenhänge, die zu ihrer Entstehung führten, unterscheiden sich deutlich von jenen Formationen, die in den achtziger Jahren als US-amerikanische *Cultural Studies* ihren Siegeszug durch die akademischen Institutionen antraten. Weiters ist beispielsweise die Tatsache, daß es mittlerweile seit zwei Jahrzehnten außerordentlich produktive *Cultural Studies*-Aktivitäten in Australien und Kanada, Lateinamerika und Afrika und in den vergangenen Jahren besonders auch in den Ländern des *Pacific Rim* gibt, hierzulande weitgehend unbekannt. Dies liegt nicht zuletzt daran, daß die vielfältigen und oft voneinander unabhängigen Entwicklungen auch im englischsprachigen Diskurs der britischen und US-amerikanischen Spielart lange Zeit wenig Raum hatten.
Der Erfolg der *Cultural Studies* besonders im akademischen Bereich, ihre Internationalisierung und gleichzeitig Fragmentierung, vor allem aber die ernüchternde Einsicht, wie begrenzt ihre politische Handlungsfähigkeit angesichts der globalen Herausforderungen am Ende des 20. Jahrhunderts letztlich ist, führten in der letzten Zeit verstärkt zu Kritik von außen und in den eigenen Reihen, die mit einer intensiven Reflexion der historischen Entstehungsbedingungen von *Cultural Studies* und der intellektuellen wie politischen Standortbestimmung ihrer Akteure verbunden ist (Davies 1995; Ferguson/Golding 1997; Grossberg 1997a).

2.2.1 American Cultural Studies

Während in Großbritannien Gründerfiguren, Basistexte und Gründungsorte wie das *Centre for Contemporary Cultural Studies* oder die *Open University* eindeutig existieren, ist es für die USA wesentlich schwieriger, konkrete Angaben über die Anfänge von *Cultural Studies* zu machen. Nach James Carey war es im Herbst 1963, als »es sinnvoll erschien, sehr verschiedene Arbeiten als intellektuelle und politische Position unter der Bezeichnung *Cultural Studies* zusammenzufassen« (Carey 1997, 3). Ähnlich wie in Großbritannien richteten sich *Cultural Studies* als intellektuelles und politisches Projekt auch hier gegen den wachsenden Einfluß konservativer Politik seit dem Zweiten Weltkrieg, der im Fall der USA Hand in Hand mit ihrem Aufstieg zur politischen Supermacht ging. Ende der sechziger Jahre erlebten sie ihre ersten Höhepunkte in der Opposition gegen den Vietnam-Krieg, in den antirassistischen und bürgerrechtlichen Bewegungen um Martin Luther King und Malcolm X sowie in der feministischen Bewegung.

Gleichzeitig stellten diese Initiativen eine Reaktion auf die Wissenschaftsentwicklung in den Vereinigten Staaten dar, die Dominanz positivistischer und behavioristischer Zugänge, die nicht zuletzt durch die massive Unterstützung staatlicher Institutionen wie der *National Science Foundation* bedingt war und eine enge Verbindung von Staat, Wirtschaft und Wissenschaft zur Folge hatte. Wissenschaftsgeschichtlich und -theoretisch gründeten *Cultural Studies*, wie sie sich etwa an der Illinois University um James Carey oder Lawrence Grossberg formierten, sowohl auf amerikanischen wie europäischen Traditionen. Dabei kann man verschiedene Entwicklungslinien ausmachen: Der Einfluß der *Cultural Studies* im Umfeld des CCCS auf die Beschäftigung mit popularkulturellen Phänomenen war nicht zuletzt durch die Emigration zahlreicher britischer Intellektueller bedingt, die die Möglichkeiten für ein Projekt wie *Cultural Studies* seit der konservativen Regierung Margaret Thatchers radikal eingeschränkt sahen (Davies 1995, 60f.). Daneben reichen die Verbindungen von den *American*

Studies über den Einfluß der *Chicago School of Sociology* der Zwischenkriegszeit bis zu dem der Frankfurter Schule seit den vierziger Jahren.

Die *American Studies*, die sich seit dem späten 19. Jahrhundert mit dem Ziel der Erforschung einer amerikanischen Nationalkultur formiert hatten, verfügten über eine lange Tradition der Interdisziplinarität, die für die problemorientierten Zugänge der *Cultural Studies* zahlreiche Ansatzpunkte bot. Allerdings waren sie ebenso wie ihr britisches Äquivalent von Vorstellungen der kulturellen Homogenität sowie einer Elitenkultur geprägt, die spätestens mit der Entwicklung der *Women Studies*, *Black American* und *Hispanic Studies* brüchig wurden.

Besondere Bedeutung für die amerikanischen *Cultural Studies* hatte die Emigration deutscher Intellektueller in den Jahren des Nationalsozialismus und des 2. Weltkrieges. Neben den Arbeiten der politischen Theoretikerin Hannah Arendt hatte in den USA vor allem die post-marxistische Kritische Theorie der Frankfurter Schule und ihrer Vertreter Max Horkheimer, Walter Benjamin, Theodor Adorno und Herbert Marcuse – bei allen Unterschieden ihrer Theorien, die wesentlich in der europäischen Geschichte der Zwischenkriegszeit begründet sind – nachhaltigen Einfluß auf die Auseinandersetzung mit dem Phänomen der Massenkultur, besonders im Bereich der Medien (Horkheimer/Adorno 1971 [1944]; Kellner 1989, 1995). Ausgehend vom Wissen um die mögliche manipulative und kontrollierende Wirkung von Massenmedien wurde Massenkultur von der Frankfurter Schule grundsätzlich negativ bewertet: Die in modernen kapitalistischen Gesellschaften durch Industrialisierung und Kommerzialisierung entstandene Massenkultur wurde aufgrund des Warencharakters ihrer Produkte als ideologisches Instrument der Manipulation der unterdrückten Klasse durch die herrschende Klasse betrachtet. Diese Theorie wurde auf alle popularkulturellen Formen und Praktiken bezogen, so daß jede Form kultureller Produktion automatisch und ausschließlich als profit- und marktorientiert galt und jede Art von Konsum Formen von individueller Aneignung, sei es im Sinn von *pleasure* oder als Widerstand, prinzipiell unmöglich machte. Eine Veränderung der gesellschaftlichen Verhältnisse wäre demnach nur im Bereich der ökonomischen Produktionsverhältnisse möglich.

Der Einfluß der Frankfurter Schule und ihrer europäischen Traditionen ist allerdings in Zusammenhang mit der US-amerikanischen *mass culture*-Debatte der fünfziger Jahre zu sehen (McDonald 1957). Nach Andrew Ross beruhte der politische und kulturelle Konsens in den USA der Nachkriegszeit bis zu seinem Aufbrechen durch den Vietnamkrieg, die Bürgerrechts- und Antirassismusbewegungen etc. auf der Autorität der Intellektuellen als moralischer, kultureller und politischer Elite. Diese Rolle wurde nicht zuletzt durch die im akademischen Feld ebenso wie öffentlich und privat geführte Diskussion um die Bedeutung von Massenkultur begründet und bestärkt. Beklagt wurde zum einen der Umstand, daß sich die Mehrheit der Menschen nicht für ›Hochkultur‹ begeistere, sondern für die als zweit- und drittrangig angesehenen Vergnügungen, die ihr nunmehr der neue Konsumkapitalismus bot. Andrerseits sah man gerade in ihnen Möglichkeiten, die Massen zu sozialisieren. Die sozialistische Kritik in dieser Debatte, Massenkultur sei als Mittel sozialer Kontrolle aufzufassen, wurde ihrerseits parallel zum wachsenden außenpolitischen Antagonismus zwischen den USA und der UdSSR im Laufe der fünfziger Jahre und mit der Marginalisierung ›linker‹ Positionen während der McCarthy-Ära in den Hintergrund gedrängt (Ross 1989). Die große Bedeutung der *Media Studies* im Rahmen der US-amerikanischen *Cultural Studies* geht nicht zuletzt auf diese Traditionen zurück. Vor allem in der Kritik an elitären Kulturbegriffen einerseits und ökonomischen Reduktionismen andrerseits lag eine der Begründungen für differenziertere Fragen nach der Funktionsweise der Produktion, vor allem aber auch der Rezeption von popularkulturellen bzw. medialen Produkten, in zunehmendem Maß im Zusammenhang mit Fragen nach der Konstruktion von ›Rasse‹ und Geschlecht in den Medien und ihrer Wirkung auf soziale Normen, Verhaltensweisen und die Konstitution von Identitäten. Nach dem von Stuart Hall in den siebziger Jahren entwickelten *encoding/decoding*-Modell des ›Lesens‹ von Symbolen und Bedeutungen, Strategien und Ideologien in Massenmedien (Hall 1980) wurde nunmehr gefragt, wie Medien Bedeutungen produzieren (*encoding*), wie diese zirkulieren und wie verschiedene Zuhörerschaften bzw. Individuen die gebotenen ›Texte‹ verwenden (*decoding*), um ihnen ihrerseits Bedeutung zu geben. Im Unterschied zu den britischen *Cultural Studies* spielte in den Vereinigten Staaten allerdings die Kategorie der *Klasse* und damit Fragen der Arbeiterkultur und -bildung nur eine marginale Rolle, wie überhaupt die amerikanischen *Cultural Studies* tendenziell politisch stärker konsensual orientiert waren und weniger ›links‹ standen als die britischen Varianten des Projektes.

2.2.2 Institutionalisierung, Internationalisierung, Entpolitisierung?

Das Verständnis von ›Kultur als Text‹ stellte im amerikanischen Wissenschaftsdiskurs der achtziger Jahre und seiner spezifischen Kombination von politischem Pragmatismus und dem Einfluß der französischen Philosophie (insbesondere von Poststrukturalismus und Dekonstruktion) einen wichtigen Grund für den großen Erfolg der *Cultural Studies* dar. Der Schwerpunkt der Untersuchungen lag auf der Erforschung verschiedener Arten von Medien-, Jugend- und Popkultur, seien es Sportarten (z.B. Fußball, Surfen), Musik (so gibt es mittlerweile eine nicht mehr überschaubare Literatur zum popkulturellen ›Phänomen Madonna‹), Fernsehen und Video, Shopping sowie den aktiven und kreativen Umgangsformen mit ihnen. Dabei schloß die Betonung von Sprache, Kultur und Sinnstiftung Fragen nach Macht- und Herrschaftsverhältnissen – und Konflikten um sie – nicht grundsätzlich aus, im Gegenteil: Es wurde versucht, sie im konkreten gesellschaftlichen Umfeld zu verorten. Die Textmetapher des Poststrukturalismus sollte nicht die Gesellschaft auf Diskurse reduzieren (Carey 1997, 12), sondern zeigen, daß die Welt, wie wir sie wahrnehmen, nicht an sich und

›natürlich‹ vorgegeben existiert, sondern sozial und kulturell konstruiert – und daher auch veränderbar ist. Das Problem der Konzentration auf popularkulturelle Praktiken und ihre Lesarten liegt allerdings darin, daß sie entweder zunehmend entpolitisiert oder in einer Weise definiert wurden, daß prinzipiell in jeder Konsumpraxis an sich schon popularkultureller Widerstand gesehen wurde (Morris 1988, McGuigan 1992, Kraniauskas 1998). Hierin besteht auch die Auseinandersetzung zwischen der politischen Ökonomie bzw. empirischen soziologischen Forschungstraditionen und jenen Formationen von *Cultural Studies*, die sich ausschließlich an ›Texten‹ orientieren, indem sie sich auf die Interpretation einzelner kultureller Praktiken beschränken und dabei das ökonomische und politische Umfeld, in das diese eingebettet sind, zu wenig in ihre Analysen miteinbeziehen (Grossberg 1997a und 1998, Garnham 1997, Kellner 1997).

Die Textlastigkeit besonders im Bereich der Medien- und Popkulturforschungen äußert sich darin, daß viele Arbeiten nicht mehr von einem Kulturbegriff im Sinn von Raymond Williams als *whole way of life* auszugehen scheinen (Williams 1975), sondern die Tendenz zu einzelnen Bereichsanalysen zunimmt. Dieser Partikularismus wird oft in Zusammenhang mit der Verwendung eines speziellen theoretischen Jargons gebracht. So besteht die Gefahr, daß das Wissen um den Umstand, daß komplexe Problemstellungen präziser theoretischer Beschreibmodelle und einer entsprechenden Fachsprache bedürfen, in der Praxis häufig genau gegenteilige Effekte hat: Dann kann ein hochtheoretischer Stil und der inflationäre Gebrauch von Metaphern der Verschleierung von Ungenauigkeiten oder gar Aussagenleere dienen und gleichzeitig als akademisches Einschüchterungsritual wirken. Ein Verständnis von *Cultural Studies*, wie es Lawrence Grossberg formuliert, »Theorie zu politisieren und Politik zu theoretisieren«, um Antworten auf die Frage *What's going on?* zu finden, geht dabei oft verloren (Grossberg 1997a, 4).

Nicht zuletzt scheint ein Zusammenhang zwischen der raschen Institutionalisierung der amerikanischen *Cultural Studies* im literatur- und kommunikationswissenschaftlichen Bereich und diesen Phänomenen zu bestehen. Seit Beginn der achtziger Jahre stieg die Zahl der Studierenden, der Lehrveranstaltungen und Publikationen enorm an (Ferguson/Golding 1997, XVI), neue Zeitschriften wurden gegründet und zunehmend international ausgerichtet. So war beispielsweise das *Australian Journal of Cultural Studies* (*AJCS*) bei seiner Gründung im Jahr 1983 das erste, das sich explizit als *Cultural Studies-Journal* bezeichnete und vier Jahre später in die internationale Zeitschrift *Cultural Studies* umgewandelt wurde. Charakteristisch für die USA ist außerdem im Unterschied zu Großbritannien und anderen Räumen die institutionelle Verankerung der *Cultural Studies* an den Universitäten, was sich am deutlichsten in den zahlreichen Neugründungen von *Cultural Studies*-Instituten äußert (Readings 1996). In diesem Zusammenhang wird immer häufiger kritisiert, daß seit Beginn der neunziger Jahre *Cultural Studies* zunehmend ein akademisches und weniger ein politisches oder pädagogisches Projekt sei, dessen Kommunikationsformen auf internationale Konferenzen und Publikationen beschränkt blieben (Davies 1995, 140 und 156-162). Dabei offenbart sich vor allem als Problem, daß die diskutierten Fragestellungen und Themen aus ihrem ursprünglichen Kontext gelöst und als universale Kategorien verhandelt werden. Ein spezielles Set von ›Theorie‹ europäisch-amerikanischer Prägung und die entsprechende kanonisierte Literatur suggerieren eine interkulturelle Verständlichkeit und Verständigung, lokale Zusammenhänge werden dabei jedoch zu wenig berücksichtigt. Generalisierte Begriffe von *race, class* und *gender* hätten, so die Kritik, transnational kaum mehr Bedeutung als Gesten des guten Willens (Morris 1992, 455-457).

Hier setzt vor allem die Kritik an einer hegemonialen Stellung der anglo-amerikanischen *Cultural Studies* durch ›alternative‹ Formationen, besonders in Australien und Kanada sowie in den Ländern der ›Dritten Welt‹, in Lateinamerika, Afrika und Asien an. Dabei gehört es zu den wichtigsten Fragen, unter welchen geographischen und historischen Bedingungen *Cultural Studies* rezipiert wurden und anhand welcher Problemlagen sie artikuliert werden: In Lateinamerika spielen etwa Fragestellungen von Medien und Demokratie oder das Verhältnis von ›eigener‹ und US-amerikanischer Kultur eine wichtige Rolle (z. B. Chabram-Dernersesian 1992). Hier, ebenso wie in afrikanischen Ländern wie Kenia oder Südafrika, sind *Cultural Studies* viel stärker in der täglichen, vor allem politischen Arbeit und den Kämpfen für kulturelle Freiheiten verankert. Oft sind diejenigen, die *Cultural Studies* betreiben, gleichzeitig Menschen- und Bürgerrechtsaktivisten – wie der mittlerweile im Exil lebende kenianische Autor Ngugi Wa Thiong, dessen Arbeit der programmatische Titel seiner Aufsatzsammlung *Moving the Centre: The Struggle for Cultural Freedoms* beschreibt (Davies 1995, 167-169).

In Kanada beispielsweise bedingte die Geschichte des Landes als erst französische, dann britische Kolonie und gleichzeitig Einwanderungsland für Emigranten aus Irland, Schottland und England spezifische Erfahrungen mit Zweisprachigkeit und Multikulturalität; dazu kommt die räumliche Lage an der Peripherie und in Nachbarschaft zur politischen und ökonomischen Supermacht USA und die daraus resultierenden (Handels-)Beziehungen und Abhängigkeitsverhältnisse. Für die *Cultural Studies*-Rezeption spielt seit den achtziger Jahren wiederum die Flucht britischer Intellektueller vor dem *Thatcherism* und ihre Suche nach neuen Orten des wissenschaftlichen und politischen Diskurses außerhalb Großbritanniens eine wichtige Rolle (Blundell/Shepherd/Taylor 1993). Die historischen Erfahrungen von Brüchigkeit und Überschneidungen von Identitäten haben ebenso wie etwa im postkolonialen Australien ein Bewußtsein für kulturelle Heterogenität entstehen lassen, das sich deutlich von jenen für Großbritannien oder die USA charakteristischen ›Nationalkulturen‹ und ihrem Einfluß auf die Entwicklung der dortigen *Cultural Studies*-Formationen unterscheidet (Davies 1995; Morris 1992, 471; Morris/Frow 1993). Dies äußert sich auch hier in der jeweiligen *Cultural Studies*-Praxis: Für Kanada und Australien ist die (durchaus als produktiv empfundene Spannung) zwischen akademischer und populärer

Wissenschaft, zwischen Theorie und Praxis typisch. Sowohl die Medien als auch die Orte der Diskussionen führen weit über das akademische Feld hinaus: Exemplarisch ist zum Beispiel die Arbeit und Karriere von Meaghan Morris, die als freie Autorin für verschiedene wissenschaftliche Zeitschriften ebenso wie als Journalistin in Australien und im internationalen Austausch tätig ist und ihr dezidiert politisches *Cultural Studies*-Verständnis in Verbindung mit dem akademischen Feld praktiziert. Sie stellt die zentrale Frage, wie *Cultural Studies* in Zukunft betrieben werden können, um Relationen zwischen lokalen, regionalen, nationalen und internationalen Bedingungen von Erfahrung und Handlung zu denken und praktisch umzusetzen (Morris 1992, 470).

In dieselbe Richtung weist Tony Bennetts programmatischer Titel *Putting Policy into Cultural Studies* (Bennett 1992) und seine Umsetzung durch die Gründung des *Institute for Cultural Policy Studies* an der Griffith University (1987) mit dem Ziel einer gleichzeitig theoretischen, praktischen und institutionellen Annäherung und einer aktiven Rolle bei der Entwicklung australischer Kulturpolitik: Wie beeinflussen und regeln institutionelle Bedingungen verschiedene Felder von Kultur? Wie ermöglichen diese wiederum die Entstehung und Artikulation bestimmter politischer Ziele und ihre Umsetzung? Grundlegend ist dabei unter anderem der Aufbau von verschiedenen lokalen und regionalen Formen von (beratender) Zusammenarbeit mit staatlichen und halbstaatlichen Initiativen (ebd. 25).

Eine *Cultural Studies*-Praxis, die Wissenschaft und Wissensproduktion mit politischer Phantasie und praktischem politischen Handeln verbindet, bedeutet nicht, daß die für *Cultural Studies* charakteristischen Methoden des kritischen Lesens von sinnstiftenden kulturellen Praktiken damit hinfällig würden. Es geht vielmehr darum, was Ioan Davies als das große Verdienst von Stuart Hall bezeichnet: Mit seinem *encoding/decoding*-Modell des ›Lesens‹ von Medien habe er eine ganze Generation von Studenten ›*politisches Lesen*‹ gelehrt (Hall 1980; Davies 1995, 141). Oder, wie es David Morley für die aktuellen britischen *Media Studies* beschreibt: Das gegenwärtige Interesse für den Alltagsgebrauch der Medien müsse kein abnehmendes Interesse an politischen Machtverhältnissen bedeuten, sondern im Gegenteil die Öffnung gegenüber Wahrnehmungen neuer Machtformationen innerhalb und mit dem Alltäglichen (Morley 1998). Stuart Halls theoretisches Credo »*Ich bin nicht an Theorie, sondern am fortwährenden Theoretisieren interessiert*« (»*I am not interested in Theory, I am interested in going on theorizing*«, Hall 1986) bedeutet, Theorie nicht ›mit einem großen T‹, nicht als Selbstzweck zu betreiben, sondern mit dem Interesse, etwas zu bewegen, neue Fragen zu stellen und die Antworten nicht bereits im voraus zu wissen.

3. Popularkultur und Massenmedien

Die Beschäftigung mit popularkulturellen Formen und Praktiken stand, wie im historischen Überblick ausgeführt, im Zentrum der Formierung des Projekts *Cultural Studies* und seiner institutionellen Ausprägung am CCCS. Die Ursprünge der ›Disziplin‹ in den *English Studies* und die spezifische Rezeption kontinentaleuropäischer Theorien bewirkten eine gewisse Schwerpunktbildung im Bereich der *Interpretation* von – sehr allgemein verstanden – ›Texten‹, die der nicht-elitären Kultursphäre entstammen. Trivialliteratur, Film, Fernsehen, Popmusik, Sport, Werbung etc. wurden zu Feldern eines Versuchs, methodisch und theoretisch fundierte Modelle des Zugangs zur kulturellen Sphäre zu finden und sich dabei von einer Tradition der Mediensoziologie abzusetzen, die auf Prozesse der *Entstehung* und *Produktion* von Massenkultur konzentriert war. Dennoch spielten die mediale Verbreitung von Kultur und ihre Folgen eine wesentliche Rolle für die Untersuchungen. Die soziale Grundlage bleibt für eine Begriffsbestimmung vorrangig: Popularkultur ist die Kultur der Nicht-Eliten, die über weite Strecken in der Geschichte auch negativ bewertet wurde.

3.1 Periodisierungen

Die meisten Untersuchungen popularkultureller Formen im Umfeld der *Cultural Studies* beschäftigen sich mit dem Zeitraum zwischen ihrer (vermuteten) Entstehung mit dem Industriekapitalismus und der gegenwärtigen ›Infotainment‹-Gesellschaft, wobei dem Wandel der Popularkultur in der ersten Hälfte des 20. Jahrhunderts ein besonderer Stellenwert zugemessen wird. Dieser Schwerpunktbildung liegt ein häufig nicht explizit problematisiertes Verständnis kultur- und sozialhistorischer Entwicklungen zugrunde, das Konsequenzen für eine Konzeptualisierung der Sphäre popularer Kulturformen hat.

3.1.1 LEGENDS OF THE FALL: VON DER VOLKSKULTUR ZUR MASSENKULTUR

Für viele Interpreten bedeutete die zweite Hälfte des 18. Jahrhunderts, der Beginn der Industrialisierung (in früh industrialisierten Staaten wie England) bzw. der Aufklärung (in ökonomisch weniger fortgeschrittenen Ländern wie den deutschen Staaten oder den habsburgischen Ländern) eine deutliche Zäsur zwischen einer traditionellen, nicht-literaten, ländlichen *Volks*kultur (im Sinne Herders) und einer urbanen, industriellen *Massen*kultur. Verkürzt ausgedrückt: Volkskultur war in dieser Interpretation ein von den Nicht-Eliten produziertes Ensemble kultureller Formen und Praktiken, die im Gegensatz zur kontrollierenden (›sozialdisziplinierenden‹) Instanz des höfisch-absolutistischen und klerikalen Herrschaftsapparates standen. Volkskultur wurde als spontan, heidnisch-magisch und authentisch-kommunal (im Sinne von ›im Volk entstanden‹) aufgefaßt, ihre Existenz war in der Frühen Neuzeit stets bedroht durch – und subversiv für – die christlich-lateinische, später rational-aufgeklärte Elitenkultur. Die deutlichste Erscheinungsform der Volkskultur ist der Karneval, sie äußert sich aber auch in Liedern, Witzen, Aberglauben und Volksfrömmigkeit. Diese Kultur verschwand schließlich unter dem gemeinsamen Druck von Aufklärung, Urbanisierung, Industrialisierung und Kommerzialisierung, wurde aber in diesem Prozeß auch das Objekt einer Verklärung und Romantisierung, etwa in gelehrten Sammlungen von ›Volksmärchen‹ und Volksliedern (Burke 1985/1978). Vorindustrielle Kulturformen waren praktisch nie Gegenstand der *Cultural Studies*, die in ihren verschiedenen Ausprägungen ein gespanntes Verhältnis zur historischen Fachdisziplin hatten – auch aufgrund ihrer Marginalisierung gegenüber dem traditionell privilegierten Fach Geschichte im englischsprachigen Raum, insbesondere der ›europäischen‹ Geschichte in Nordamerika (Steinberg 1996). Demgegenüber wurde vorindustrielle Volkskultur für einen Bereich der Geschichte bestimmend, der sich unter der Bezeichnung *Historische Anthropologie* etablierte und häufig explizit an die Arbeiten E. P. Thompsons (siehe Kapitel 2.1.3.3) anschloß.

Nichtsdestoweniger hatte die (bereits für F. R. und Q. D. Leavis relevante) Vorstellung einer nicht-elitären Kultur, die sehr verschieden von der durch den Industriekapitalismus geprägten Massenkultur der Gegenwart war, in den *Cultural Studies* Bestand. Das betraf vor allem Periodisierungsfragen (Hall 1998/1981). Bestimmend ist, daß die vorindustrielle Volkskultur seit den grundlegenden Darstellungen von Peter Burke (1985/1978) und Robert Muchembled (1984/1978) und der Rezeption der Arbeiten von Michail Bachtin (1990/1929) vor allem in anthropologischem Sinn unter dem Aspekt der *Gemeinschaftsbildung* im *Ritual* und des *Widerstands* gegen Obrigkeit und Elitenkultur gesehen wurde. Frühneuzeitliche Volkskultur wurde interpretiert als konsensuale Kultur *durch* und nicht *für* das ›Volk‹ (wobei grundlegende geographische, konfessionelle oder geschlechtliche, aber auch soziale Determinierungen innerhalb des Volks häufig unberücksichtigt blieben).

Diese Vorstellung wird für die Positionierung und Definition von Popularkultur als *Massen*kultur innerhalb der *Cultural Studies* relevant: Popularkultur in der Industriegesellschaft ist nicht nur das *Andere* der Hochkultur, sondern auch das Andere historisch entfernter, nicht-elitärer Kulturformen, an deren Entstehung das ›Volk‹ auf unmittelbarere Weise Anteil hatte. Fragen der Kontinuität von Kulturen der Unterdrückung und ihrer spezifischen Ausprägungen werden dagegen durch diese Sichtweise ausgeschlossen.

So häufig die Entstehung einer medial vermittelten Massenkultur mit Metaphern des »Bruches« (Hall 1998/1981, 446) und der Diskontinuität beschrieben wurde, so problematisch erscheint es, den Zeitpunkt dieses Bruchs oder auch nur die charakteristischen Unterschiede zwischen Volks- und Massenkultur zu beschreiben bzw. konkrete kulturelle Erscheinungsformen des Popularen dem einen oder anderen Idealtypus zuzuordnen, ohne nicht gleichzeitig auch sehr starke Übereinstimmungen feststellen zu müssen. Raymond Williams entgegnet der Vorstellung, daß Massenkultur (»*written by morons for morons*«, Williams 1958, 305) Ende des 19. Jahrhunderts auftrat, mit einem Hinweis auf die Ausdehnung des Lesepublikums um die Mitte des 18. Jahrhunderts. Zu diesem Zeitpunkt entstand als Reaktion ein neues literarisches Genre, der Roman, der zunächst als ›vulgäre‹ Form aufgefaßt wurde. (In den habsburgischen Ländern ist eine solche Entwicklung zeitverschoben um die Wende zum 19. Jahrhundert festzustellen.) Stuart Hall bezeichnet demgegenüber die Periode 1880–1920 als entscheidend, weist aber auch auf den Mangel an konkreten historischen Untersuchungen hin (Hall 1998/1981).

Betrachtet man den Kriterienkatalog, der die Dichotomisierung informiert, so erscheint fast jeder Aspekt problematisierbar:

F. R. Leavis hielt den *Übergang von einer oralen zu einer literaten Kultur* für ausschlaggebend für das Entstehen von Massenkultur. Vor 1760 gab es in ihrem Modell eine *einheitliche literate* Kultur gegenüber einer *oralen* Volkskultur; danach entwickelte sich ein nach Geschmack und Bildung differenziertes Lesepublikum. Für die unteren Schichten wurde in der Folge ›minderwertige‹ Literatur produziert.

Historische Untersuchungen zur Frühen Neuzeit erwiesen jedoch die Unhaltbarkeit dieser Periodisierung. Es zeigte sich, daß ein grundsätzlicher Unterschied zwischen Lesefähigkeit und literater Kultur bestand (Natalie Davis). Die Inhalte von Gedrucktem erreichten einen weiteren Kreis als nur Gebildete, die lesen und schreiben konnten. Vor allem in den Städten kam es durch Praktiken wie Vorlesen und Erzählen des Gelesenen zu einem beständigen Austausch zwischen Formen und Inhalten von Hoch- und Popularkultur. (Ein bekanntes Beispiel sind die höfischen Romane des Mittelalters, die in der Frühen Neuzeit zu volkstümlichen Abenteuergeschichten wurden und diese Rolle bis ins 19. Jahrhundert in Form von Mittelalter-Trivialromanen behielten.) Darüber hinaus zeigte sich, wie sehr die soziale Situation und Bildung die Bedeutung des Gelesenen beeinflußten. Es scheint wesentlicher, *wie* Leute lesen, als *was* sie lesen (Carlo Ginzburg, Robert Darnton). Die Annahme eines zumindest einheitlichen literaten Publikums vor der Aufklärung – oder der Leserevolution, im katholischen Bereich des deutschen Sprachraums sicher erst nach der Aufklärung – löst sich bei konkreter Betrachtung weitgehend auf.

Eine Grenzziehung, die sich am literarischen Publikum orientiert, berücksichtigt darüber hinaus nicht, daß Lesen nur eine von vielen möglichen kulturellen Praktiken darstellt. Gerade im Bereich der Popularkultur spielen visuelle und performative Formen und Praktiken eine wesentliche Rolle. Eine stärkere Berücksichtigung von Musik, Theater, Festen oder Bildern resultiert in grundsätzlich anderen Periodisierungen, da es keineswegs klar ist, wo die Einführung des Buchdrucks oder die Entstehung eines literarischen Massenpublikums Entsprechungen etwa im Bereich der Musik (Notendruck? Schallplatte?) oder der Malerei (Lithographie? Photographie?) findet. Es fragt sich, inwieweit nicht die literaturwissenschaftliche Herkunft der *Cultural Studies* das tatsächliche ›Lesen‹ überbewertet.

Doch auch die anderen Periodisierungsmerkmale sind nicht eindeutig: *Urbanisierung*, der Zuzug in die Städte im Zusammenhang mit der Industrialisierung, brachte zwar zweifelsohne einen Wandel kultureller Praktiken mit sich, jedoch sind frühneuzeitliche kulturelle Praktiken wie der oft zitierte Karneval – ein Phänomen, das von Handwerkern, Studenten und Zünften bestimmt wird – durchaus auch in einem städtischen Umfeld zu verorten.

Die *Kommerzialisierung* von Kulturprodukten, eine Art Ursünde, die jede Form von spontaner ›Authentizität‹ zu verhindern scheint, kann ebenso wenig in einen unmittelbaren Zusammenhang mit dem Vorgang der Industrialisierung gebracht werden. Auch Wanderschauspieler und Geschichtenerzähler der Frühen Neuzeit mußten und wollten – ebenso wie von der Elitenkultur anerkannte Künstler – von ihrer Tätigkeit leben. Der Gegensatz zwischen einer kulturellen Produktion, die bezahlt wird, und einer quasi freien, nur zur Erzeugung von Gemeinschaftsgefühl bzw. als Ausdruck dieser Gemeinschaft entstandenen, ›authentischen‹ kulturellen Produktion ist vermutlich der hartnäckigste *topos* in dieser Diskussion, löst sich jedoch aus historischer Perspektive auf. Und wenn die potentiell subversive Komponente von Kultur durch die Existenz eines freien Marktes so bedroht erscheint, so stellt sich die Frage, ob die persönlichen Abhängigkeiten und Patronatsverhältnisse der Frühen Neuzeit nicht eine noch viel größere Einschränkung der Freiheit kultureller Produktion bedeuteten.

Eng verknüpft mit diesem Argument ist ein Bezug auf eine vermeintliche Funktionalität der ›authentischen‹ Volkskultur, die durch Kommerzialisierung und Massenproduktion verloren ginge. Eine vom Volk ausgehende Kultur, so das Argument, sei imstande, durch ihre Ausdrucksformen und Rituale den in ihr Involvierten das Gefühl von Gemeinschaft (*community*) zu geben bzw. dieses auszudrücken. Dieses weitgefaßte Konzept, das auch ein in der deutschsprachigen Tradition verankertes Pendant hat (der Kontrast zwischen *Gemeinschaft* und *Gesellschaft*), führte naturgemäß zu sehr verschiedenen Periodisierungen. Bachtin beschrieb den Karneval als Ausdruck einer öffentlichen und kollektiven Utopie, die in der Aufklärung unterdrückt bzw. individualisiert wurde. Für Hoggart ist das gleiche Phänomen der Zerstörung kollektiver Aneignung und Sinngebung einer homogenen Kultur im Übergang von der ›authentischen‹ Arbeiterkultur der Zwischenkriegszeit zur oktroyierten, fragmentierten und einsam machenden Massenkultur der fünfziger Jahre zu finden. Auch bei E. P. Thompson und Raymond Williams sind ähnliche nostalgische Verklärungen erkennbar.

Gerade die Ähnlichkeiten in der Romantisierung von Arbeiterkultur und ländlicher Volkskultur in Hinblick auf ihre Funktion zur Bildung von Solidarität und Gemeinschaft deuten die inhärent moralische Funktion solcher Periodisierungsversuche an. Typische Bestandteile der karnevalesken Utopie in der Frühen Neuzeit, wie Judenverfolgungen und andere rituelle Formen der Gewalt gegen marginalisierte Gruppen, fehlen dementsprechend auch meist in der Darstellung von *Gemeinschaft.*

Es bleibt das Kriterium der *Massenproduktion.* Die auch für die *Cultural Studies* bedeutsam gewordene *Kritische Theorie* der *Frankfurter Schule* postulierte einen unmittelbaren kausalen Zusammenhang zwischen der massenhaften Erzeugung und Distribution von Kulturgütern im Zeitalter der Massenmedien und der daraus resultuierenden Gleichförmigkeit und weitgehenden Standardisierung der kulturellen Produktion (als deren Modell das Fließband dient), begleitet von einer ›Pseudo-Individualität‹. So wie das schwarze Ford T-Modell im fortgeschrittenen Kapitalismus den Automarkt beherrscht, so bewirkt die Monopolbildung durch Medienkonzerne, die *Kulturindustrie*, im Kulturbereich einen Einheitsbrei an Banalität, der die Logik des Systems ihrer Entstehung im Kapitalismus reproduziert (Horkheimer/Adorno 1971/1944; dazu Caspary 1997).

Die von Adorno vorhergesagte Entwicklung läßt sich nicht leugnen, Monopole im Kulturbereich (wie Sony, ein von den *Cultural Studies* bevorzugtes Objekt der Analyse) beherrschen Produktion (etwa die Columbia Studios in Hollywood oder Sony Music Entertainment, früher CBS Records), Distribution und Hardware. Die Auswirkungen dieser Prozesse der Monopolbildung und Globalisierung auf die tatsächlich produzierten Kulturgüter sind jedoch komplexer und vieldeutiger, als eine Konzentration auf die Makrostrukturen der industriellen Produktion und Distribution von Kultur vermuten läßt. Die Mikrostrukturen und die Muster der Konsumation von Kultur ergeben hier ein völlig anderes Bild, das von Vielfalt und Instabilität gekennzeichnet ist. Innerhalb der globalen Konzerne entstehen Subunternehmen mit eigener (Unternehmens-) Kultur und teilautonomen Freiräumen, die durchaus auch Minderheiten bedienen. (Ein oft zitiertes und deutliches Indiz ist die Tatsache, daß 90% aller Musikproduktionen ein Verlustgeschäft für die Labels bedeuten.)

Die *Kritische Theorie*, lange dominant bei der Interpretation der Auswirkungen von kapitalistischen Produktionsbedingungen im kulturellen Bereich, scheint hier zuwenig die Unterschiede von industrieller und kultureller Produktion berücksichtigt zu haben. Letztere ist in weit geringerem Maß rein technologischen Zwängen unterworfen. Standardisierung hat im kulturellen Bereich sehr wenig mit den Produktionsmitteln (bzw. der Verfügung über sie) zu tun. Die Frage ist vielmehr, *wer* den Produkten der Kulturindustrie (die dann gekauft werden) ihre *Bedeutung* verleiht – kein technologischer Zwang privilegiert Rap gegenüber Mozart. Es zeigt sich, daß der Einfluß der Produzenten (seien dies nun Plattenproduzenten, Regisseure oder die Filmstudios) auf marktrelevante Entscheidungen über die Bedeutungen kultureller Produkte bei weitem geringer ist, als es die Frankfurter Schule annahm. Eine Analyse der Entstehungsbedingungen von Kultur ist also keineswegs ausreichend für die Beschreibung ihrer Auswirkungen. Die Tatsache, daß Kultur von internationalen Konzernen produziert und über die Massenmedien vertrieben wird, sagt noch sehr wenig über ihre Rezeption und Konsumation aus und kann daher an sich noch keine Periodisierung begründen.

Zusammenfassend muß festgestellt werden, daß sich die Dichotomisierung zwischen (je nach Ausgangspunkt vorschriftlicher, agrarischer, frühneuzeitlicher oder vorindustrieller) Volks- und (literater, industrieller, urbaner, kommerzialisierter) Massenkultur bei einer genaueren Analyse so sehr zu relativieren scheint, daß sie für eine Periodisierung der Popularkultur nicht sinnvoll scheint. Die Funktion einer historisch einmaligen, von der Vergangenheit abgegrenzten Massenkultur scheint häufig in einer Utopiebildung und moralischen Setzung zu liegen. Gerade dies verhindert offensichtlich den Blick auf historische Kontinuitäten der Formen des Widerstands bei nicht-privilegierten Gruppen (etwa strukturellen Ähnlichkeiten zwischen Karneval, Widerstandsformen der ›68er‹, den Friedensmärschen in den achtziger Jahren, den Opernballdemonstrationen, Fußballhooliganism und den *Gay Pride Days*). Andrerseits scheint es, als ob das Postulat der grundsätzlichen Verschiedenheit nicht-industrieller Popularkultur im Bereich der historischen Anthropologie die Anwendung von Methoden und

Theorien der *Cultural Studies* auf diese Themenbereiche verhindert hätte. Dieser Graben wird vom Essentialismus der anthropologischen Bestimmung von ›traditioneller Volkskultur‹ charakterisiert. Das romantisierte ›radikale Andere‹ der Massenkultur wird in die feudale Vergangenheit ebenso projiziert wie in den Exotismus nicht-europäischer Kulturen. Auf diese Weise können jedoch Vorstellungen über die Vieldeutigkeit von Kultur und die Vielfalt sozialer Differenzierungen innerhalb der beherrschten Klassen (etwa anhand der Merkmale von ›Rasse‹, Sprache, Konfession und Geschlecht) nicht das Konstrukt von homogenen ›Unterschichten‹ verdrängen (Harris 1995). Überbrückungsversuche existieren erst in Ansätzen (etwa der Reader Mukerji/Schudson 1991).

3.1.2 Das Ende der Wasserscheide – die Postmoderne?

Während Adorno noch Schönberg gegen die ›Pseudoindividualität‹ von Jazzimprovisationen ins Feld ziehen ließ, singen heutzutage die drei Tenöre Opernarien, Musicals und Volkslieder bei der Fußballweltmeisterschaft, Vanessa Mae spielt – nur differenziert durch Kopfbedeckungen, nicht durch Publikum, Interpret oder Instrument – beim gleichen Konzert Country und Bach, und die Spice Girls zitieren Queen, die sich auf Fritz Lang beziehen. Es scheint, als wären wesentliche Grenzziehungen zwischen dem Popularen und dem Elitären abhanden gekommen, die Masse erfreut sich an einem von Zitat und *crossover* geprägten *middlebrow*, während die Intellektuellen nach Authentizität bei Fußballfans ebenso suchen wie in der Oper. Elitarismus läßt sich weder in spezifischen Medien ausmachen noch anhand von Gegenständen und Traditionen: Wir lernen alle von Las Vegas ein fröhliches Akzeptieren der Kulturindustrie und ihrer kommerziellen Ausprägungen.

Die Diskussionen, die – ausgehend von der Architekturgeschichte, und hier besonders von der Programmschrift *Learning from Las*

Vegas (Venturi et al. 1988/1972) – über die Ablösung der Moderne durch die Postmoderne in der kulturellen Sphäre geführt wurden, hatten auch wesentliche Auswirkungen auf die Vorstellung von Popularkultur in den *Cultural Studies*. Das für die postmoderne Architektur charakteristische Miteinbeziehen von lokalen Traditionen, das eklektizistische Zitat, das verschiedene Stile spielerisch zueinander in Beziehung setzte, das Element der Ironie und die Betonung des Kommerziellen anstelle seiner Verleugnung und Verdeckung wurden zur Grundlage eines revidierten Verständnisses des Verhältnisses von Hoch- und Popularkultur als einander ausschließende, nach Geschmack und Bildung vom Publikum her differenzierte Sphären.

Für die epistemologische Grundlage dieses ›Zeitgeists‹ wurde vor allem Jean François Lyotards Studie *La condition postmoderne: rapport sur le savoir (1979)* einflußreich. In der Postmoderne gibt es nach Lyotard die Große Erzählung, den alles zusammenfassenden *Meta-Narrativ*, nicht mehr. Wissenschaft selbst ist nur eine Geschichte von vielen. Das Projekt der Aufklärung, die Suche nach dem gesellschaftlichen Konsens und der Teleologie der Geschichte, löst sich auf. Bezogen auf die kulturelle Sphäre heißt das, daß es kein hierarchisierbares, nach medialer Form, Genre, Publikum und Funktion einteilbares System ›Kultur‹ gibt, sondern eine Vielfalt diskursiver Praktiken, die jedoch nicht neutral, sondern intern hierarchisiert sind und ein komplexes Geflecht an bedeutungsproduzierenden Orten mit verschiedenen Zentren und Interessen bilden. Der Charakter von Kultur wird beschrieben als ein »sprunghafter, konfliktreicher Pluralismus, der spannungsgeladene Umgebungen schafft, die einen enormen Einfluß haben sowohl auf die Konstruktion von Vorstellungen als auch von den Subjekten, die mit ihnen interagieren.« (Collins 1989, 27).

Diese Vorstellungen destabilisierten zunehmend die – lange Zeit für Konservative und Progressive gleichermaßen verbindlichen – Unterschiede zwischen Hochkultur und Popularkultur. Die Legitimationskrise führte zunehmend zu einer Situation, in der sich kulturelle Formen und Praktiken nicht mehr nach ihrer Zugehörigkeit zu der einen oder anderen Sphäre als soziales Unterscheidungsmerkmal definierten, sondern nach der spezifischen – oft identitäts- und sinnstiftenden – Funktion innerhalb einer zunehmend als fragmentiert erscheinenden kulturellen Sphäre, und sei es nur in ironisch-spielerischer Weise. *Deep Space Nine* erscheint als ebenso legitimer Ort der subkulturellen sozialen Sinnstiftung wie das *Kulturjournal*.

Ist also, um es drastisch zu formulieren, die Popularkultur als über die Massenmedien vermittelte Kultur der Vielen (Beherrschten), wie sie das CCCS ursprünglich analysieren wollte, mit der Postmoderne zu einem Ende gelangt und, bedingt durch einen neuen (Anti-)Stil, Veränderungen in der Sozialstruktur westlicher Gesellschaften und eine veränderte mediale Landschaft, durch eine fragmentierte Sphäre von Subkulturen ersetzt worden?

Auch hier ergeben sich Schwierigkeiten bei einer genauen Eingrenzung bzw. Periodisierung des ›Bruchs‹. Das häufige Fehlen einer historischen Perspektive in den *Cultural Studies* läßt es nicht schlüssig erscheinen, ob es sich bei den Diskussionen über die Postmoderne um einen historischen Paradigmenwechsel im Verhältnis von Hochkultur und Popularkultur handelt, oder ob nicht vielmehr sehr offensichtliche zeitgenössische Entwicklungen eine Revidierung und Neuformulierung des Kulturbegriffs und der Methoden zu seiner Analyse *für alle historischen Epochen* notwendig machen. Auffällig ist, daß auch in den *Cultural Studies* die Kultur weiter zurückliegender Epochen häufig als homogener angesehen wird als die Gegenwartskultur – ›postmodern‹ ist der Begriff dafür. Andrerseits zeichnen etwa mikrohistorische Untersuchungen wie die Carlo Ginzburgs das Bild einer frühneuzeitlichen Kultur, in der sich vielfältige Einflüsse – des offiziellen Glaubens, des Aberglaubens und einer heidnischen Tradition – auf sehr individuelle Weise und eklektizistisch zu höchst individuellen Deutungsmustern zusammenfügen.

Auch die für die Postmoderne angeblich charakteristische Übernahme von Formen der Popularkultur in die Hochkultur ist historisch natürlich kein neues Phänomen – Mahler verwendete für

Symphonien Texte der Volksliedsammlung *Des Knaben Wunderhorn*, eine im frühen 19. Jahrhundert erfolgte, *gelehrte* Zusammenstellung von *Volks*liedern. (In einem britischen Kontext wird an dieser Stelle unvermeidlich Shakespeare angeführt!) Das von Claude Lévi-Strauss (aus einem völlig anderen Zusammenhang, siehe unten) entlehnte Konzept der *bricolage*, das Aneinanderfügen von Versatzstücken, das angeblich die Große Erzählung ablöste, ist daher eher genrespezifisch als periodenspezifisch: Natürlich ist ein MTV-Videoclip im Vergleich zu einem Roman von Thomas Mann *bricolage*, im Vergleich zu einer Bühnenshow der sechziger Jahre (der Formationsperiode von Rock) muß er jedoch als Re-Narrativisierung aufgefaßt werden – eine Tendenz, die sich übrigens in den Video-Clips selbst auch deutlich abzeichnet. Es wäre vermutlich auch nicht schwierig, anhand anderer Genres eine Geschichte der Ent-Fragmentarisierung von kulturellen Formen zu schreiben, wie etwa die Entwicklung vom Vaudeville zum Musical mit einer durchkomponierten, konventionalisierten Handlung (Collins 1989, 120).

Möglicherweise beschreibt der Begriff *Postmoderne* für die *Cultural Studies* eher eine Epistemologie für den Zugang zu Kultur – die die Vielschichtigkeit und Differenziertheit der kulturellen Sphäre berücksichtigt – als ein historisches Phänomen. Allerdings handelt es sich um eine Epistemologie, die ihre Entstehung konkreten historischen Umständen verdankt, nämlich der besonderen Bewußtheit dieser Vielschichtigkeit zu einem Zeitpunkt, als sich künstlich geschaffene und sozial funktionale Abgrenzungen, die auch eine besondere Form des Umgangs mit den neuen Massenmedien und Phänomenen der Globalisierung darstellen, problematisch werden.

In jedem Fall erscheinen Dichotomisierungen und paradigmatische Gegenüberstellungen (bei denen es meist darum geht, einen Punkt zu machen, indem man das Andere, und zwar meist historisch, setzt) methodisch nicht immer hilfreich, da sie zu wenig die Ungleichzeitigkeit historischer Abläufe und die Wirkungsmächtigkeit von Traditionen berücksichtigen. Während Architekten von

Las Vegas und Musiker von John Coltrane lernen, ist die Kenntnis der Wiener Klassik für viele noch immer unverzichtbares Bildungsgut, das den Eintritt in soziale Kreise und Karrieren ermöglicht oder verhindert, und Universitätsprofessoren räsonnieren nach wie vor über Kulturverfall und die immer schwächer werdenen Studenten, weil keiner mehr Bücher liest und alle viel zu viel Zeit vor dem Fernsehgerät verbringen.

Daß es eine postmoderne kulturelle Praxis gibt, die das Verhältnis zwischen Hoch- und Popularkultur neu formulierte, steht wohl außer Zweifel. Wie sehr sich die kulturelle Sphäre dadurch in Hinblick auf Heterogenisierung und Fragmentierung neu konstituierte – und wann dies geschah, wenn es geschah, erscheint dagegen als noch offene Frage.

3.2 Zugänge

3.2.1 Reading the Popular: Interpretationsmodelle von Popularkultur

Strukturalismus und Semiotik

Die frühesten Versuche am CCCS, Kultur zu theoretisieren und eine methodische Basis für die Interpretation kultureller Texte und Praktiken zu finden, führten zum linguistischen Strukturalismus. Damit wurde ein Bezug sowohl zur Sprachwissenschaft hergestellt (und verbale Äußerungen, nicht jedoch kanonisierte Literatur privilegiert) als auch zur Anthropologie, die als erste Humanwissenschaft unter dem Einfluß von Claude Lévi-Strauss den Strukturalismus rezipiert hatte.

Die Grundlagen für ein strukturalistisches Verständnis von Sprache als symbolischer Ordnung schuf Ferdinand de Saussure mit seiner Vorlesungsreihe *Cours de linguistique générale* (1916). Darin beschrieb er Sprache als System von Zeichen, die er als dialektische Verbindung aus einer materiellen Form (dem Klang- bzw. Wortbild oder *Signifikanten)* und einer Vorstellung (dem Inhalt oder *Signifikat*) definierte. Die Beziehung zwischen Form und Inhalt beschrieb er als willkürlich, durch die symbolische Ordnung geschaffene Bedeutungen sind daher nicht durch die Materialität des Signifikanten fixiert, sondern Resultat von Konventionen. Bedeutungen entstehen durch die Beziehung ihrer materiellen Träger, der Signifikanten, zueinander.[1] (Easthope 1983, 34ff.) Die *Struktur* der symbolischen Ordnung, ein System von Differenzen und Relationen, ist somit die Grundlage der Bedeutungsund Sinnproduktion. Diese Struktur ist analysier- und darstellbar, *Grammatik* bezeichnet die Rekonstruktion des zugrundeliegenden, regelgebenden Systems (*langue*) sprachlicher Äußerungen (*parole*).

Saussure deutet an, daß seine Theorie nicht nur auf Sprache, sondern jedes Zeichensystem zutreffe. Zunächst wurden seine Theorien jedoch vor allem in der Sprachwissenschaft aufgegriffen. Durch die anthropologischen Arbeiten von Claude Lévi-Strauss weitete sich Strukturalismus als Methode jedoch auf die Analyse aller Aspekte der menschlichen Kultur aus. Für Lévi-Strauss ist linguistischer Strukturalismus als systematische Wissenschaft exemplarisch für die Untersuchung aller kultureller Phänomene. Seine Analysen von Mythen, Totemismus und Verwandtschaftsbeziehungen zielen dementsprechend darauf ab, das diesen kulturellen Formen zugrundeliegende System aufzudecken und seine Logik formalisiert darzustellen. Damit leitet er den *linguistic turn* in den Humanwissenschaften ein und bricht mit einer empirischen Tradition, die Struktur als etwas Beobachtetes und unmittelbar aus kulturellen Erscheinungen Ableitbares theoretisiert.

Für Lévi-Strauss impliziert das *langue-parole*-Modell Saussures die Notwendigkeit, Struktur als etwas Abstrakteres anzusehen. Für

---

[1] Es geht dabei im wesentlichen um Prozesse der Kombination von Signifikanten mit anderen (die *syntagmatische* Achse bzw. die rhetorische Figur der *Metapher*) und die Auswahl anstelle anderer (die *paradigmatische* Achse bzw. die rhetorische Figur der *Metonymie*).

ihn ist Struktur ein nicht unmittelbar zu beobachtendes System, eine Art Tiefenstruktur bzw. zugrundeliegende Logik, die das Beobachtbare in seiner Vielfalt generiert und nur durch den Vergleich und die Interpretation ihrer Erscheinungsformen zugänglich ist (wie etwa das ›System‹ der Mythen in nicht-industriellen Gesellschaften).

Lévi-Strauss beschränkt seine Systematisierung auf ›primitive‹ Gesellschaften: *Bricolage,* die Bedeutungskonstituierung aus vorhandenen Elementen, wird als grundlegendes Prinzip des *wilden Denkens* verstanden, fundamental verschieden vom westlich-wissenschaftlichen Bewußtsein. Dieser linguistisch-anthropologische Strukturalismus wurde für die *Cultural Studies* vor allem durch die Arbeiten von Roland Barthes vermittelt, der Saussures linguistisches Modell in der Aufsatzsammlung *Mythologies* (1952–1956) auf die Analyse französischer Popularkultur übertrug und mit einem politischen Anspruch verband. Seine Analysen zielen darauf ab zu zeigen, wie dominante Bedeutungen sich auf der Grundlage der strukturalen Logik als selbstverständlich präsentieren. Nach seiner Lesart werden die ursprünglichen Bedeutungen verbaler und visueller Zeichen (die *Denotationen*) von einem System weiterreichender kultureller Assoziationen überlagert, den *Konnotationen.* Diese bilden ein System an konsensualer Bedeutungszuschreibung, das im Sinne der herrschenden Klasse operiert, sich jedoch für alle als verbindlich darstellt. Barthes untersucht also die Formen der Repräsentation, die die bourgeoise Gesellschaft sich selbst verleiht, indem auf einer sekundären Ebene die prinzipielle Vieldeutigkeit von kulturellen Formen und Ritualen (Barthes beschäftigt sich mit Werbung, Wrestling, Ferienreisen etc.) von einem zweiten System der Signifikation übernommen wird, das den gegenwärtigen Zustand der Welt verewigen soll und so Konsens (*common sense*) produziert.

Barthes schuf so durch einen strukturalistischen Zugang die Möglichkeit, Texte auf das ihnen zugrundeliegende und durch sie produzierte *ideologische* System zu analysieren. Gleichzeitig führte er mit der Unterscheidung von Konnotation und Denotation eine soziale Dimension in die Semiologie Saussures ein, die die Rezeption durch die *Cultural Studies* bestimmte. Barthes' Arbeiten erwiesen sich als wegweisend für die Analyse nichtsprachlicher *Texte*, die ebenfalls als Orte der konsensualen Bedeutungsproduktion untersucht und in den Rahmen der jeweiligen Kontexte gestellt werden, die diese Bedeutungen produzieren. Die aufzuspürenden Klasseninteressen sind dabei in den *Mythologies* klar definiert: Es ist die bourgeoise Norm, auf der das System der Konnotationen basiert, und es ist die Bourgeoisie, die davon profitiert.

Ideologiekritik – Marx, Althusser und die Cultural Studies

Neben dem Strukturalismus wurde die Weiterentwicklung des marxistischen Ideologiebegriffes, insbesondere in den Arbeiten Louis Althussers, für die *Cultural Studies* wichtig. Wie oben (2.1.4) besprochen, hatte sich die Neue Linke in England bereits von einem simplen Basis-Überbau-Modell verabschiedet und der kulturellen Sphäre eine bestimmte Autonomie konzediert. Althussers Interpretation von Marx versuchte, dafür eine Grundlage zu schaffen und das Marx'sche Ideologiekonzept – die Vorstellung, daß herrschende Ideen immer mit der Position der herrschenden Klasse übereinstimmen und so ein »falsches Bewußtsein« der Realität erzeugen – neu zu theoretisieren. Ideologie wird nicht mehr als verfälschtes Bewußtsein aufgefaßt, das einfach die politischen und ökonomischen Interessen der herrschenden Klasse verschleiert, sondern als »Art und Weise, durch die das Individuum seine oder ihre Rolle in der gesellschaftlichen Totalität aktiv lebt« (Coward/ Ellis 67), also seine imaginäre Beziehung zu den realen Existenzbedingungen gestaltet. Ideologie wird so zum grundlegenden Bestandteil der Konstruktion von Identität und Subjektivität. Althusser bezeichnet das als *Interpellation*: Jede Ideologie hat die Funktion, Individuen als Subjekte zu konstituieren. Ist die Interpellation erfolgreich, so definiert das Individuum seine Identität durch die Position, die das Bedeutungssystem ihm zuweist (etwa als Konsument oder als Mitglied einer bestimmten

Subkultur). Die *ideologischen Staatsapparate* (Erziehung, Religion, Medien usw.) *reproduzieren* – im Gegensatz zu Polizei und Strafsystem gewaltfrei – in ihren Praktiken und Ritualen diese imaginären Beziehungen der Individuen zu ihrer realen Existenz, wodurch diese als Subjekte der Ideologie konstituiert werden. Subjekt ist daher in diesem Sinn nicht mit historischem Individuum zu verwechseln, sondern als Position zu verstehen, durch die wir in der Signifikantenkette eingeschrieben werden (bzw. ›eingenäht‹, das Prinzip der *suture*). Ideologie ist somit sowohl real (für die Subjekte bzw. deren Erkenntnis der Welt) als auch imaginär (im Sinne der Verschleierung der sozialen Konstitution der Existenzbedingungen).

Aufgabe der Analyse und Kritik einer Ideologie, die Grundlage der Aussagefähigkeit von Subjekten ist, kann nicht einfach die Sichtbarmachung eines empirisch zugänglichen ›Realen‹ sein, sondern eine *Praxis*, die die Bedingungen des Aussagens selbst verändert, indem sie auf die Grundlage von Widersprüchen, Diskrepanzen und Schwierigkeiten des ideologischen Systems hinweist (Tolson 1996, 164).

Es ist deutlich, daß auch Althussers Modell den historischen Kontext des Kapitalismus und der Dominanz der Bourgeoisie vor Augen hat. In der von Althusser beeinflußten Literaturkritik (die sich als *Critical Practice* bezeichnet) werden daher auch die Techniken des klassischen ›realistischen‹ Romans des 19. Jahrhunderts als Paradebeispiel der ideologischen Interpellation des Lesers angeführt: »Die Konsistenz und Kontinuität des Subjekts liefert den konzeptuellen Rahmen des klassischen Realismus... Die Bewegung des klassischen realistischen Narrativs in Richtung Abschließung (*closure*) stellt die Wiederherstellung von Ordnung sicher, manchmal eine neue Ordnung, manchmal eine Restaurierung der alten Ordnung, aber immer selbstverständlich, da vertraut... Harmonie wird wiederhergestellt durch die Neuverteilung der Signifikanten in einem neuen System der Differenzen, und es bleibt nur noch, dieses harmonische und kohärente Universum dem Leser verständlich zu machen und dabei das Gefühl der Bedrohung der Subjektivität des Lesers in diesem Vorgang auszuschließen.« (Belsey 1980, 76) Der realistische Roman weist nicht auf seine Fiktionalität und die Techniken hin, die die Illusion schaffen, sondern präsentiert sich und das Universum, das er darstellt, als unproblematisch, transparent und intersubjektiv nachvollziehbar. Jedes subjektivierte Individuum hat den gleichen Zugang zu dem Universum, literarischer Realismus interpelliert seine Leser als rationale, freie Subjekte reiner Menschlichkeit.

In dieser Sichtweise werden die durch kulturelle Texte produzierten Bedeutungen praktisch vollständig von den Texten determiniert. Das (umfassende) Ideologiekonzept, das Subjektivität konstituiert, läßt kaum Spielraum für Devianz oder Subversivität. In den siebziger Jahren wurde diese Theorienbildung vor allem für die Filmanalyse bedeutsam, insbesondere in der britischen Zeitschrift *Screen*. Die komplexe Theorie der Beziehung zwischen Sprache und Subjektivität (die von einer intensiven Rezeption der Arbeiten von Jacques Lacan begleitet war) ließ Text- bzw. Filmanalyse zur Analyse der Praktiken werden, durch die der Betrachter in eine selbstverständliche Position zur dominanten Ideologie gebracht wurde (Turner 1996, 99). Realismus als Genre wurde als repräsentierender Code theoretisiert, der konsensual wirkt und sich vor allem im klassischen Hollywood-Kino (im grundsätzlichen Gegensatz zu Rundfunk und Fernsehen) ausprägt (McCabe 1974). Der Blickwinkel der Kamera garantiert die Interpellation des Zusehers und gleichzeitig den Realismus-Effekt, gemeinsam mit der temporalen Sequenz der Shots. Der Betrachter wird sowohl in der zeitlichen wie in der räumlichen Ebene als Subjekt der Erkenntnis des Realen plaziert.

Eine feministische Ausprägung dieser Sichtweise wurde von Laura Mulveys Schlüsseltext *Visual Pleasure and Narrative Cinema* (1975) geleistet: Hollywood-Kino wird hier als direkter Ausdruck des »strukturierten Blicks« angesehen, der als Produkt der Formierung des Unbewußten im Patriarchat gilt. Im Kino ist die Frau das Abbild, der Mann der Blickende, und der Film die Übersetzung des dominanten Patriarchats in visuelle Lust.

Stuart Hall war am CCCS aktiv an der Integration von Althussers Theorie beteiligt. Für die Analyse der Massenmedien führte er einen differenzierteren Analyseansatz der Wirkung von Ideologie in Texten ein, der sehr stark die Komplexität und interne Widersprüchlichkeit der sozialen und kulturellen Formationen betonte – also die Stellen, wo bei Althusser Widerspruch und Subversion möglich bleibt. Hall rezipiert Althusser umfassend, deutet aber auch an, daß die Konzentration auf die Frage, wie das Subjekt ideologisch im Diskurs produziert wird, zu einer zu deterministischen Auffassung von ideologischer Interpellation führe. Dafür wäre die Frage, wie Ideologie die Produktionsbedingungen reproduziere und welche Vieldeutigkeiten und Widersprüchlichkeiten es dabei gebe, zu wenig beachtet worden.

Eine Anwendung auf die Massenmedien leistete er in seinem grundlegenden Aufsatz *Encoding and Decoding in Television Discourse* (1980/1973). Darin wird einerseits die Vieldeutigkeit und Überdeterminierung der Bedeutungen herausgestrichen, die aus der Divergenz zwischen den Absichten der Produzenten und dem Gebrauch des Mediums entstehen. Die Möglichkeiten der Interpretation sind vielfältig, aber nicht beliebig, da durch die Ideologie der klassenspezifischen Position, die sich als ›natürlich‹ präsentiert, eingeschränkt. Bedeutungen sind in Halls Modell durch Ideologie hierarchisch strukturiert: Es gibt eine »dominant-hegemoniale« Position, die eine »bevorzugte Lesart« produziert (*preferred reading*), also die von den Produzenten konnotierte Bedeutung. Durch die Überdeterminierung des Decodierungsprozesses gibt es jedoch auch Lesarten, die zwar die dominante Position im Grunde akzeptieren, aber an ihre eigenen Verhältnisse anpassen (*negotiated reading*) und solche, die die Nachricht völlig an ihre eigene Sicht der Welt (aus der sozialen Position der Unterdrückten) angleichen (*oppositional meaning*).

Hall sucht mit diesem Modell nach einer Möglichkeit, Dominanz und Subversion innerhalb eines ideologiekritischen Rahmens zuzulassen. Das *encoding/decoding*-Modell wurde dennoch eher Ausgangspunkt für ideologiekritische Arbeiten, die textinterne

Strategien der ideologischen Beeinflussung aufzudecken versuchten. Methodisch wurde die Kombination aus strukturalistischer Semantik und marxistischer Ideologiekritik, das ›Lesen‹ kultureller, vor allem massenmedialer Texte, der ›Hausstil‹ der *Cultural Studies*. Der Gestus des Verweisens auf die »Leerstellen« und »das Abwesende« in Texten zeigte nicht überzeugend den Weg für eine politische Praxis auf. Darüber hinaus spielten Bezug zu anderen Texten und Kontexten sowie historischer Wandel nur eine untergeordnete Rolle, was sich aus dem zugrundeliegen Ansatz ergab: Prinzipiell war für das strukturalistische Denken das Regelsystem, die *langue* jeder symbolischen Ordnung in allen ihren Manifestationen, also in allen Praktiken der *parole*, zu erkennen bzw. abzuleiten. So wie es für Lévi-Strauss *ein* grundlegendes System der Mythen gab, wurde für den bürgerlichen Realismus *eine* Art der Subjektivierung angenommen.

Poststrukturalismus und Dekonstruktion

Die Ausgeliefertheit an ein umfassendes Ideologiekonzept konnte nur durch eine Neuformulierung strukturalistischer Grundannahmen überwunden werden, die unter dem Begriff *Poststrukturalismus* eingeführt und in den *Cultural Studies* breit rezipiert wurde. Grundlage ist eine veränderte Theoretisierung des Zeichenbegriffs, der die diachrone Komponente stärker miteinbezieht: Die Dialektik der Signifikation (Bedeutungsbildung) macht die Verbindung zwischen Signifikat und Signifikanten nur zu einem Moment flüchtiger Stabilität in einem ständigen Prozeß. Da die Beziehungen der Zeichen zueinander sich durch jede Signifikation neu anordnen, entstehen ständig neue Bedeutungsmöglichkeiten. Es kann daher nicht mehr nur darum gehen, ein zugrundeliegendes Regelsystem, eine Art Grammatik der symbolischen Ordnung, aufzudecken (da diese nur ›eingefroren‹ in der synchronen Komponente existiert). Es gilt vielmehr, den Prozeß der Produktion von Bedeutungen in ihrer ständig wechselnden Relationalität (also entlang seiner syntaktischen/diachronen Achse) zu analysieren. Subjektivierung ist

zu verstehen als momentane Fixierung des Prozesses des Spiels der Differenzen, der Bedeutung möglich – aber nicht eindeutig – macht, als Ort, an dem Bedeutung als strukturierende Praktik stattfindet. Bedeutungen können daher nicht als fixiert bzw. dem Prozeß der Signifikation vorausgehend angesehen werden, die Suche nach der zugrundeliegenden Struktur ist fruchtlos.
Damit entzieht sich die durch Texte geschaffene Bedeutung jeder Einheitlichkeit, der Text wird zum Ort einer vielfältigen Sinnproduktion, deren Fixierung im Moment der Rezeption durch seine Beziehung zu anderen Texten und Kontexten bestimmt wird.
Jacques Derrida nannte diese spezifische Zugangsweise *Dekonstruktion.* Ein kritischer Text hat nicht mehr die Aufgabe der Etablierung einer ›richtigen‹ Lesart (und sei es Ideologiekritik), sondern muß den Text öffnen für Bedeutungen, die darin unterdrückt sind. Dadurch wird fixierter Sinn in einem kontinuierlichen Prozeß verschoben und relativiert, eine rhetorische Praxis, die den Prozeß der Signifikation weitertreibt. Es geht um eine radikale Textkritik, die die eigene Position des Schreibens miteinbezieht und damit endgültig klarlegt, daß Vernunft nicht auf die symbolische Ordnung verzichten kann, um eine Methode der Wahrheitsfindung zu entwickeln, sich also nicht außerhalb des Prozesses der Signifikation befindet. Die Modi der rhetorischen Analyse werden für jedes Lesen von ›Texten‹ verbindlich, Struktur kann nicht mehr von Bedeutung(en) unterschieden werden. »Der Text ist kein Zentrum. Der Text ist diese Offenheit ohne Grenzen der differentiellen Verweisung.« (Engelmann 1990, 21) Dekonstruktion wird so auch zur radikalen Form der Selbstbefragung wissenschaftlicher Tätigkeit.
Für die *Cultural Studies* ist jedoch vor allem die theoretische Begründung der Vieldeutigkeit von symbolischen Ordnungen bedeutsam, da dadurch ein Konzept vorliegt, das die ideologische Determinierung von Althussers Zugang überwindet. »Während die Theorien der Moderne Massenkultur auf eine einzige, einheitliche Botschaft reduzierten, kann Derridas Betonung der Unentscheidbarkeit von Sinn den Texten der Massenkultur Komplexität,

Widerspruch, Schwierigkeit, Dichte und Geheimnis zurückgeben.« (Docker 1994, 134) Das Lesen popularkultureller Texte erhielt damit für die *Cultural Studies* eine neue Komponente: Nicht mehr die Auswirkungen der ideologischen Staatsapparate waren Ziel der Analyse, sondern es wurden die Strategien und Möglichkeiten subversiver Sinnkonstitution miteinbezogen. Die Frage der Reproduktion der sozialen Beziehungen in der Ideologie und der Determination, so lange vorherrschend für die *Cultural Studies*, tritt in den Hintergrund.

In ihren radikalen Fortschreibungen löst sich in der Dekonstruktion die Grenze zwischen Text und Kontext auf, Wissensproduktion wird zu einem Transkodieren, einem Spiel der Einschreibung in die Signifikationskette. Hier befindet sich die theoretische Grundlage für eine – radikal gedacht – beliebige Interpretation popularkultureller Produkte durch verschiedene Rezipienten. Derrida selbst hat sich allerdings immer sehr zurückhaltend zur Anwendbarkeit der Dekonstruktion auf Bereiche außerhalb der Philosophie verhalten und eine Aufmerksamkeit gegenüber den jeweiligen Kontexten eingefordert. (Engelmann 1990, 24) Stuart Hall hält für die *Cultural Studies* an der Realität sozialer Beziehungen gegenüber den Symbolen fest und merkt an: »Soziale Beziehungen existieren. Wir sind in sie hineingeboren. Sie existieren, ob wir es wollen oder nicht. Sie sind in ihrer Struktur und Tendenz real... Und doch können sie nur in Gedanken, im Kopf begriffen werden.« (Hall 1996b, 25)

Durch den Einfluß der Dekonstruktion wurde die Vieldeutigkeit von symbolischen Ordnungen theoretisch begründet. Vor allem im amerikanischen Kontext wurde die literarisch-dekonstruktivistische Methode der Interpretation kultureller Formen vorherrschend, wobei die diskursiven Prozesse der zum Teil ausschließliche Schwerpunkt wurden, während die institutionellen und ökonomischen Kontexte, die für explizit ideologiekritische Arbeiten immer mitgedacht wurden – und sei es nur in Form der Begriffshülsen »Bourgeoisie« und »Kapitalismus« –, zunehmend an Bedeutung verloren.

3.2.2 The Eye of the Beholder: Konsumation

Die Grundannahme, daß Bedeutung immer vieldeutig und der Prozeß des Lesens immer ein aktiver ist, führte zu einer erhöhten Aufmerksamkeit für die Bedingungen der Rezeption von popularkulturellen Produkten und die Möglichkeiten subversiver Aktivität in der Konsumation. John Fiske fungierte als Gallionsfigur in einer Bewegung der *Cultural Studies*, die nicht mehr dominante Lesarten auf ideologische Produktion zurückführte, sondern die Subversivität von Akten der Konsumation von Popularkultur herausstrich. Fiske bestand in seinen Arbeiten auf einer Verbindung zwischen semiotischer Analyse und ›ethnographischer‹ Untersuchung des Publikums. Mit seiner Interpretation des (mittlerweile zum Paradefall der Analyse gewordenen) ›Phänomens‹ Madonna – durch die Vermarktung von Popkultur wird weiblichen Teenagern eine Form von *empowerment* möglich – leitete er eine (mittlerweile rituell kritisierte) Strömung ein, die in der Mikropolitik des Konsums Widerstand und Subversivität aufspürte. Popularkultur befindet sich demnach in einem ständigen Ringen mit dem Dominanten, in einer Art »semiotischem Guerillakampf« ringen die Konsumenten der Kulturindustrie ihre eigenen Lustgewinne und Bedeutungen ab. Fiske bezieht sich hier sehr deutlich auf die Theorien von Michel de Certeau, der Popularkultur nicht als eine bestimmte Art von Produkten oder über ihre mediale Verbreitung definiert, sondern als Praktiken, die auf Kultur angewendet werden. Die Effekte von Texten sind diesen nicht inhärent, sondern bezeichnen eine spezifische Art der Aneignung ihrer möglichen Bedeutungen. Konsumation wird zum Anti-System der Produktion (Frow 1995, 48), eine (individuelle) Taktik, durch die die Unterdrückten sich zur Wehr setzen. Das Konzept des Lustgewinns aus diesem Prozeß der Umdeutung und subversiven Aneignung (*pleasure*) wurde zunehmend als Opposition zu Ideologie verstanden, und Fiske charakterisierte Popularkultur anhand ihrer Fähigkeit, verbotene Lust durch subversive Aneignung zu generieren.

Das Konzept einer semiotischen Demokratie (*semiotic democracy*), in der Texte umgedeutet und subversiv angeeignet werden, führte zu einem verstärkten Interesse für die tatsächlich stattfindenden Prozesse beim Konsumenten (*audience research*) im Sinne qualitativer ethnographischer Methoden. David Morleys Untersuchungen hatten bereits aufgezeigt, daß die Sinnproduktion beim Fernsehpublikum (das Fernsehen wurde immer mehr zum Paradefall von Popularkultur) ein zwar immens sozialer und interaktiver, jedoch relativ wenig von Klassenpositionen abhängiger Prozeß war. Die breite Strömung der Subkulturforschung machte deutlich, daß Bedeutungen eher in kleinen Gruppen bzw. Klassenfragmenten entstehen (Resistance Through Rituals 1976). Den Weg dazu ebnete Phil Cohens exemplarische Untersuchung von Arbeiter- und Subkulturen in Londons Eastend mit seinem Augenmerk auf symbolischen Widerstand. Wie sich dies semiotisch bei jugendlichen Subkulturen kodierte, zeigte die Untersuchung von Dick Hebdige (1997). Ethnographische Detailuntersuchungen (Ien Ang, Dorothy Hobson, Janice Radway) vor allem in den Bereichen Fernsehen und Trivialliteratur unterstützten diese Sichtweise.
Gemeinsam ist diesen Untersuchungen allerdings eine gewisse Blindheit gegenüber den Produktionsbedingungen und Strategien der (semiotischen) Macht, die sich in die popularkulturellen Texte einschreibt. Die postkapitalistische Illusion des freien Marktes bietet ihren Konsumenten demnach selbst die Mittel zum Widerstand, der Bummel durch das Einkaufszentrum wird zur subversiven Tätigkeit, wenn man nichts kauft und trotzdem Spaß hat. Waren – die Produkte der Kulturindustrie – erhalten ihren Wert durch ihre symbolische Bedeutung, Konsumation »ist ein aktiver, kreativer und produktiver Prozeß, bei dem es um Lust, Identität und Bedeutungsproduktion geht.« (Storey 1993, 198)
Der Vorwurf, daß eine solche Haltung die Popularkultur unkritisch zelebriert, scheint nicht ganz unberechtigt, auch wenn die Bewegung als Reaktion auf ideologisch-textuellen Determinismus verstanden werden muß und auch die prominentesten Vertreter des *Cultural Populism* immer wieder die Macht des Dominanten betonen.

Die Gefahr an der Zelebrierung der Subversivität im Konsum von Popularkultur ist, daß die Möglichkeit *politischer* Kritik verschwindet, wenn die Inhalte und Formen nicht mehr kritisierbar sind, da ohnehin nur ihre Aneignung durch die Konsumenten ausschlaggebend ist. Die Frage nach Zusammenhängen zwischen Produktionsbedingungen, Inhalten und Formen und Art der Aneignung wird nur mehr selten gestellt, eine gefährliche Verkürzung der Problematik: Gerade im Fernsehbereich betrifft etwa die Frage nach den Aufgaben eines öffentlich-rechtlichen Rundfunks vis-à-vis den Privatsendern ganz deutlich den Bereich der Produktion und hat klare Folgen für die Rezeption. Ebenso kann ein Augenmerk auf Industriepraktiken in den USA in den fünfziger Jahren den Mythos dekonstruieren, daß das ›Studiosystem‹ Hollywoods ein Opfer des neuen Mediums Fernsehen geworden sei. Die großen Filmstudios waren von Beginn an an Fernsehproduktionen beteiligt, und es gab vielseitige Verflechtungen und inter-textuelle, fast als symbiotisch zu bezeichnende Bezüge zwischen Film und Fernsehen sowohl auf der Ebene der Beteiligten wie des Kapitals, die von der Konstruktion der Konkurrenz zwischen den Medien verschleiert wurden (Anderson 1991). Produktionsbedingungen sind eindeutig wichtig als Rahmen, innerhalb dessen sich die – durchaus vieldeutigen – Muster der Interpretation und Rezeption bewegen können. Darüber hinaus fehlt den Ethnographien des Konsums häufig eine Problematisierung der tatsächlich recht ungleich verteilten Zugangschancen zu Konsumation von Kultur, nicht nur in materieller Hinsicht (nicht jeder kann seine Identität durch einen BMW ausdrücken), sondern auch von Bildung: Tatsächlich haben die Intellektuellen der »neuen Yuppie-linken Popkultur« (Williamson 1986) einen privilegierten Zugang *sowohl zur Popular- wie zur Hochkultur*. Schulen und Universitäten dürfen zwar in einer Periode der massenmedialen Vermittlung von Kulturtechniken in dieser Hinsicht nicht überbewertet werden, erfüllen aber eine ihrer wesentlichen Aufgaben – die (ungleiche) Verteilung von Zugangschancen zu Kultur und damit soziale Differenzierung nach symbolischem Kapital – nach wie vor leidlich.

Zu einem Zeitpunkt, wo die Grenzen zwischen Hoch- und Popularkultur sich ohnehin verwischen und sich ein neuer Elitarismus im eleganten und zwanglosen *codeswitching* manifestiert, der die Beherrschung *aller* Codes voraussetzt, scheint die Zelebrierung von nichtelitären Kulturformen nicht einmal mehr als *allgemeine* Taktik eines emanzipatorischen akademischen Projekts sinnvoll. »Eine Theorie, die so eng auf die Mikro-Politik des Konsums und auf die kleinen Siege und Niederlagen des Alltags fokussiert, bietet wenig Raum für einen Kampf um Veränderung.« (McGuigan 1997, 141) Darüber hinaus ist die Vorstellung eines Konsumenten, der ohnehin den besten Gebrauch von den ihm angebotenen Konsumgütern macht, strukturell verwandt mit neoliberalen rechten politischen Strömungen.

Was in den jüngsten Diskussionen um das Problem des kulturellen Populismus darüber hinaus häufig kritisiert wurde, ist die fehlende Aufmerksamkeit für die Reproduktion der Produktionsbedingungen in Texten, die Stuart Hall bereits bei der Althusser-Rezeption monierte (Hall 1996b). Jim McGuigan (1997) führt dies auf den Einfluß der Neuen Linken und die spezifisch ›westlichen‹ Formen radikalen Denkens im Feminismus, in Antirassismen und in der *Queer Theory*, v. a. der Schwulen- und Lesbenbewegungen zurück, die der kulturellen Ebene eine Quasi-Autonomie einräumten und bei der Umarbeitung des klassischen Basis-Überbau-Modells weit über das Ziel hinausgeschossen seien.

Ein weiterer Kritikpunkt am Hauptaugenmerk ›Konsum‹ ist ein eher methodischer, der an der Gültigkeit der Resultate der *audience research* – als ethnographischer Methode, die Techniken der Erforschung außereuropäischer Kulturen für Subkulturforschung anwendet – zweifelt. Die prinzipiell qualitativen Analysemethoden mit einem hohen Maß an Selbstreflexivität und Problematisierung des (Autoritäts-)Verhältnisses zwischen Forscher und Forschungsgegenstand sowie der texthaften Konstituierung der Wissensvermittlung haben den Ethnographien zum Teil den Vorwurf einer methodisch problematischen Nabelschau eingetragen (Morley 1997).

Eine Vermittlungsinstanz bietet für die *Cultural Studies* die Hegemonietheorie Antonio Gramscis, die ›das Soziale‹ wieder in die *Cultural Studies* einzuführen und eine Balance zwischen Fragen der *human agency* und der sozialen und ökonomischen Ebene herzustellen versuchte. Gramsci hatte das Konzept als politischer Gefangener des Faschismus entwickelt, um zu erklären, wie kapitalistische Unterdrückung die Komplizität der Unterdrückten durch moralische und intellektuelle Führerschaft zustande bringe und diese zur aktiven Unterstützung der bestehenden Machtstruktur bewege, indem es die Interessen der dominanten Klasse universalisiere. Verantwortlich für Hegemonie ist in fortgeschrittenen liberal-demokratischen, kapitalistischen Gesellschaften nicht der Staat – der ein Zwangsregime ausübt –, sondern die *Zivilgesellschaft* mit ihren Institutionen Erziehungswesen, Familie, Kirche, Massenmedien und Popularkultur (Strinati 1995, 169). Im Unterschied zu Althusser sieht Gramsci die Konsensbildung als andauernden Prozeß an, in dem Anpassungen, Neubildungen und Kompromisse stattfinden. Diese ›prozessuale‹ Komponente, die den Konsens der untergeordneten Gruppen der Gesellschaft als verhandelte Konstruktion, nicht als gerichtete Indoktrination sieht, die immer auch Elemente der Kultur der Unterdrückten aufnimmt, scheint geeignet, sowohl Raum für Subversion als auch Dominanz durch die faktische Macht der Produktion einzuräumen und ist daher für die *Cultural Studies* vorrangig in ihrer Gramsci-Rezeption.
Stuart Halls und Ernesto Laclaus Gramsci-Rezeption, verdichtet im Prinzip der *Artikulation* (im Englischen bedeutet *articulation* sowohl »ausdrücken« wie »zusammenführen / verbinden / gliedern«), ist ähnlich zu verstehen: Der soziale Konflikt zwischen Widerstand und Eingliederung findet im Text bzw. inter-textuell statt. »Artikulation ist die Produktion von Identität auf der Grundlage von Differenz, von Einheiten aus Fragmenten, von Strukturen auf der Grundlage von Praktiken. Artikulation verbindet eine bestimmte Praktik mit einem bestimmten Effekt, einen bestimmten Text mit einer bestimmten Bedeutung, eine bestimmte Bedeutung mit einer bestimmten Realität, eine bestimmte Erfah-

rung mit einer bestimmten Politik. Und diese Verbindungen fügen sich zu größeren Strukturen zusammen, etc... Artikulation ist ein fortwährender Kampf, Praktiken in einem Feld von sich ständig ändernden Kräften neu zu positionieren, die Möglichkeiten des Lebens neu zu definieren, indem man das Feld der Beziehungen – den Kontext –, in dem die Praktik verortet ist, neu definiert.« (Grossberg 1992, 54) Diese »Theorie der Kontexte« und der darauf basierenden instabilen Sicht auf kulturelle Praktiken und ihre Bedeutungen sieht Lawrence Grossberg als Grundlage dafür an, keine simplifizierten Interpretationen von Kultur (im Sinne von Ursache-Wirkung-Determinierungen) zuzulassen und die Komplexität verschiedener struktureller Ebenen, die immer umkämpft sind, zu berücksichtigen. *Cultural Studies* muß die Spezifik artikulierter Kontexte rekonstruieren, sich bemühen, eine »Kartographie des Alltags zu erstellen, die versucht, zumindest einen Teil des komplexen Gewebes eines bestimmten Terrains zu (re)konstruieren« (Grossberg 1992, 63) und so eine »andere Geschichte« über Kultur und ihre Kontexte – Politik – erzählen. Das ist keine neutrale Wissenschaft, sondern ein politisch-strategisches Projekt: »Die von den *Cultural Studies* entworfenen Karten fabrizieren Realität nicht, um sie zu repräsentieren oder nachzuahmen, sondern um ihre Möglichkeiten strategisch offenzulegen, um in der Gegenwart zu intervenieren und die Zukunft zu verändern.« (Grossberg 1992, 64) Die Gramsci-Rezeption, vor allem das Konzept der Artikulation, scheint für die *Cultural Studies* eine theoretische Grundlage zu bieten, den Gefahren des kulturellen Populismus auszuweichen, ohne neuerlich einem ökonomischen Determinismus zu verfallen.

3.2.3 Das Problem der Bewertung

Die ursprüngliche Auseinandersetzung mit Popularkultur, die die *Cultural Studies* als Projekt entstehen ließ, war von der wertenden Haltung der Tradition der Hochkultur, insbesondere der von der Literaturwissenschaft kanonisierten ›Großen Tradition‹, geprägt.

Die Grundlage der ästhetisch-wertenden Haltung der wissenschaftlichen Disziplinen scheint in der Aufklärung zu suchen zu sein (Goodall 1995). Geschmack, Phantasie, Originalität, Schönheit und Wahrheit wurden zu den Eckpunkten einer von Kant philosophisch begründeten Vorstellung eines *ästhetischen Wertes*, der ahistorisch, nicht an einer konkreten Funktion festgemacht, sondern als intersubjektiv und allgemein menschlich galt, für den es keine objektiven Regeln gibt, der aber kommunizierbar ist. Persönliche Erfahrung wird zum Ausgangspunkt der Bewertung des Schönen, verlangt aber nach allgemeinem Konsens. Geschaffen von Genies, erfordert es Sensibilität und Übung, Schönheit zu erkennen. Im 19. Jahrhundert bildet das die Grundlage zur Wertung von Kultur als Sphäre dieser Ästhetik, während Technologie allgemein und die Industrialisierung im besonderen als Bedrohung empfunden wird.
Es darf jedoch nicht übersehen werden, daß auch die politisch-kritische Tradition die Unterscheidung zwischen Hoch- und Massenkultur als klassifizierendes wie auch wertendes Projekt verstand: Der im 19. Jahrhundert ausgebildeten Ästhetik, auf deren Grundlage die *Cambridge School of English* ihren Kanon formulierte, stehen verschiedene progressive Varianten kultureller Wertung gegenüber, die sich auf die politische Positionierung und Selbstreflexivität kultureller Artefakte beziehen. Das Projekt der Moderne setzte die aufklärerische und bildungsbürgerliche Beschäftigung mit Hierarchisierungen und Kategorisierungen von kulturellen Texten und Genres unter veränderten Vorzeichen fort, auch in ihren politischen Ausprägungen, eine Haltung, die aus verschiedenen Gründen einige Texte und Textsorten gegenüber anderen privilegiert.
Vorausgesetzt wird eine ›dominante‹ Ideologie, die in den als fortschrittlich betrachteten Texten herausgefordert wird. Dies führte unweigerlich zu hierarchischen Modellen von Kultur. Die üblichen Verdächtigen ändern sich dabei wenig: Moderne Technologie, städtische Anonymität, Massenproduktion, dazu Werbung als sichtbarstes Zeichen der Kommerzialisierung, Amerikanisierung führen zu Mittelmäßigkeit, Standardisierung und politischer Gleichgültigkeit. Der moderne Künstler ist dieser kulturellen Gehirnwäsche

entfremdet, sein besonderes historisches Bewußtsein läßt seine Kunst zu einer ständigen Befragung des *status quo* und zur Selbstreflexion werden – nur ›gute‹ Kunst schafft es so, sich dem ideologischen Druck des Dominanten zu entziehen. Alles andere neigt dazu, dem (potentiell totalitären) Druck des Kapitals zu weichen und systemkonform affirmativ zu wirken. Hier wird das Politische zum Bestimmenden der Hierarchisierung kultureller Praktiken, das Marginale wird gegenüber dem Dominanten privilegiert, wobei die beiden Sphären einander diametral gegenüberstehen (*the oppressors* und *the oppressed*).

Grundlage der Selbstbefragung in der Moderne ist das *Formale*: besondere textuelle Strategien wie Komplexität, Vieldeutigkeit, Ironie und Dichtheit des Sprachgewebes (Goodall 1995, 43). Die Fähigkeit der Texte, sich selbst formal zu befragen und auf ihren eigenen Status hinzuweisen, um den Leser/Betrachter/Konsumenten von seiner Wahrnehmung der Welt zu entfremden und immer neue Bedeutungen zu schaffen, wird ästhetisch privilegiert, während minder bewertete Kulturformen dem Realismusparadigma huldigen und somit ein unhinterfragtes Akzeptieren der Welt fördern, indem sie Eindeutigkeit in den Vordergrund stellen (*Screen*-Theorie). Die formale Hierarchisierung impliziert eine Hierarchisierung von Medien (Romane über das Kino, Film über Fernsehen usw.) und eine interne Hierarchisierung von Genres, Kultur als politisierte Selbstbefragung wird durch die Moderne in jedem Fall als Minderheitenprogramm dargestellt.

Die in den *Cultural Studies* oft zitierten Untersuchungen von Pierre Bourdieu zu den sozialen Grundlagen der Geschmacksbildung relativierten auf sehr grundlegende Weise ästhetische Wertung nicht nur, sondern banden sie auch an eben diese Grundlagen, während sie von ästhetischen ›Qualitäten‹ der Texte kaum Kenntnis nahmen. Bourdieu zeigt mit einem eindrucksvollen soziologischen Instrumentarium und Fachvokabular auf, wie Erziehung, soziale Klasse und Umfeld die Bewertung eines kulturellen Textes und seine Rezeption, vor allem in Hinblick auf die Frage des ›Geschmacks‹, bestimmen. Er führte den Begriff des *symbolischen Kapitals* in die

Diskussion ein, das sich nicht unbedingt mit dem ökonomischen deckt, aber ebenso wesentlich für soziale Schichtung ist. Die soziale Differenzierung des Geschmacks läßt sich aus Bourdieus Dokumentation eher auf Erziehung und kulturelle Aspirationen als auf Reichtum zurückführen, bleibt aber klassenspezifisch. So rekonstruiert Bourdieu die systematische, klassenspezifische Einheit von Lebensstilen (*lifestyles*), in der Unterschiede der kulturellen Vorlieben sozial funktional werden. Die Wertschätzung von bestimmten kulturellen Formen wird (im Sinne des *community*-Ideals) zur Lust der Teilhabe und Ausgrenzung, ein einheitliches Klassenerlebnis mit einer einheitlichen Logik (Frow 1995, 32). Dabei geht Bourdieu von einigen prinzipiellen Unterschieden zwischen Formen der Hoch- und der Popularkultur aus, die ihm erklären helfen, aus welchen Gründen gewisse kulturelle Formen elitären Status erhalten: Der Formalität, Intertextualität und Kontextunabhängigkeit von Hochkultur steht die Direktheit, der Lebensbezug und die Unmittelbarkeit der Popularkultur gegenüber.

Bourdieus Analysen werfen eine Reihe von methodischen Problemen auf, u. a.: eine starke Verankerung in der französischen Kultur, die nicht einmal für Europa Repräsentativität beanspruchen kann; eine starke Fokussierung auf die Bildungsinstitutionen als Vermittler kultureller Kompetenz, während den Massenmedien, vor allem dem Fernsehen, nur geringe Aufmerksamkeit geschenkt wird (Frow 1995); ein sehr statisches Bild der Privilegierung und Dominanz. Was in diesem Zusammenhang für die *Cultural Studies* jedoch besonders bedeutsam geworden ist, ist die Tendenz, die Rolle der Ästhetik insgesamt zu hinterfragen bzw. aufzulösen (Bennett 1990) und ethische Setzungen zu verweigern. Die ursprünglich als Opposition zum Elitarismus konzipierte Konzentration der *Cultural Studies* auf Popularkultur bewirkte eine Abschließung gegenüber Hochkultur und ästhetischen Fragen.

Diese soziologische Zugangsweise zu Fragen der Ästhetik und des Geschmacks würde auch das Phänomen der internen Hierarchisierung der Genres nach Qualitätskriterien begründen. So gibt es eine langwährende Privilegierung schriftlicher gegenüber visueller kultureller Form (Buch über Film), ›authentisch‹-singulärer gegenüber massenproduzierter (Gemälde über Photographie) und individuell erfahrbarer gegenüber kollektiv erlebter. Tatsächlich scheinen diese Bewertungen den Klassencharakter von Geschmack zu unterstreichen, da sie jeweils zunächst nur einer bestimmten Schicht zugängliche Genres von allgemein zugänglichen evaluierend abgrenzten. Ein Entstehungskontext der Postmoderne ist sicherlich die Tatsache, daß für nahezu alle Genres die Möglichkeiten der Konsumation allgemein zugänglich werden und somit dem Klassencharakter entgegenstehen. Eine Hierarchie der Genres wird ersetzt durch genre-interne Hierarchien (Collins 1989).

Wird Ästhetik als textimmanente Qualität einer kulturellen Form ausgeschlossen, so führt das unter Umständen zu einem gegensätzlichen Trend: Die Erfahrungen der Nicht-Eliten, die sich scheinbar in popularkulturellen Texten aufspüren lassen, werden privilegiert. (Diese unkritische Zelebrierung wird derzeit in vielen Cultural-Studies-Untersuchungen zur Popularkultur geradezu rituell exorziert.) Die axiomatisch gesetzte Erkenntnis, daß Ästhetik eine Waffe der Unterdrückung durch Kultur, eine historische Setzung der Bourgeoisie (und sei es in Form einer intellektuellen Avantgarde) und Geschmack nie unschuldig in sozialem Sinn ist – auch wenn bzw. gerade weil er sich als über-historisch und universal präsentiert –, hat in manchen Bereichen der *Cultural Studies* zu einer regelrechten Romantisierung der Popularkultur als das subversive Andere der Hochkultur geführt (im Sinne Bachtins). »Der populare Geschmack … richtet sich auf polyseme Texte, die für verschiedene Lesarten offen sind. Diese Vieldeutigkeit ist eine andere als die des Ästhetizismus, da sie nicht an verknüpften, vielschichtigen organischen Ebenen der Bedeutung angeordnet ist, sondern eher als Ressourcenbank dient, aus der verschiedene, möglicherweise weit voneinander abweichende, Interpretationen geschöpft werden. Das bedeutet, daß es keine Hierarchie der Interpretationen gibt, denn es gibt keine universell gültige Menge an Kriterien, durch die eine Interpretation besser (d. h., einsichtiger, reicher, näher zu den Intentionen des Autors, oder letztendlich korrekter) als andere ist... In der Popularkultur ist jeder sein eigener Experte.« (Fiske 1991, 106) Der spezifische Zugang der Konsumenten zu popularkulturellen Artefakten als privilegierter Untersuchungsgegenstand bestimmter Richtungen der *Cultural Studies* scheint in dieser Sichtweise den oppressiven Charakter kultureller Wertungen aufzulösen. Es geht hier um ein (wenngleich meist nur impliziertes) Privilegieren der Vorgänge der Aneignung popularkultureller Produkte als politische (subversive) Handlungen, die gleichzeitig auch das Populare definieren, eine kreative *bricolage* der Bedeutungen nach praktischen Notwendigkeiten. Die ›Vorschriften‹ der Texte werden mißachtet in einem Anti-System des Konsums, wie es Michel de Certeau beschreibt. Rassismus und Sexismus sowie eine konservative Tendenz verschwinden einfach. Die aus der abweichenden Interpretation gezogene Lust wird als prinzipiell subversiv gesehen. Der Rahmen, innerhalb dessen Abweichung möglich ist, der jedoch den Konsens und die Reproduktion des *status quo* definiert, bleibt unberücksichtigt.

Zentral bleibt für eine solche Wertung jedoch das Soziale, Anti-Hegemoniale der Texte bzw. deren Rezeption, die dem Konsum von Popularkultur unterstellt wird. Tatsächlich zeigt jedoch der in den achtziger Jahren massiv einsetzende rechte Populismus, der mit der Politik Ronald Reagans, dem ›Großartigen Kommunikator‹ nicht-so-großartiger Ideen, und Margaret Thatchers verbunden ist, daß auch in totalitären, nicht-subversiven kulturellen Formen ein utopisches Versprechen für die Unterdrückten über die Massenmedien politisch mobilisiert werden konnte. (Stuart Hall bezeichnet dies in seiner Analyse als die »*Great Moving Right Show*«.) Die Neue Rechte ersetzte den kulturellen Elitarismus des Bildungsbürgertums durch populistische, mit Metaphern des Marktes durchsetzte Rhetorik (es gibt keine verbindliche Ästhetik mehr, sondern jeder Künstler muß sich auf dem Markt behaupten). Dies löste Geschmack als sichtbares Symbol im Klassenkampf ganz offensichtlich auf, eröffnet aber auch den Resten des konservativen Bildungsbürgertums die Möglichkeit, sich selbst als marginal zu präsentieren (wie viele Leute können tatsächlich noch Faust zitieren?)

und die Gegenwartskultur in eine apokalyptische Vision des Endes der Zivilisation, wie wir sie kennen, zu übersetzen (was natürlich konkrete Auswirkungen auf Lehrpläne und Unterricht haben soll). Die *Cultural Studies* haben sicher einen wesentlichen Beitrag geleistet, um die Frage nach der Qualität von kulturellen Formen und Praktiken zu problematisieren, die Aufmerksamkeit und das Bewußtsein gegenüber sozialen Funktionen solcher Wertungen zu schärfen und traditionelle Mystifikationen und Setzungen (den Widerspruch zwischen Kunst und Kommerz, die Authentizität der Kunst, den Geniegedanken) aufzudecken. Eine Tendenz der Verweigerung, sich Fragen der Evaluierung von Texten und Fragen der Ästhetik in der Popularkultur explizit zu stellen, erscheint jedoch nicht unproblematisch. Lesarten, die Texte als Ausdruck des Wertsystems einer Gruppe von Konsumenten (subkulturell) interpretieren oder nach Widerstandsmöglichkeiten und Ermächtigungsstrategien (*resistance and empowerment*) in den Texten suchen, messen kulturellen Wert am politischen Potential, während etwa Produzenten und Konsumenten von popularkulturellen Produkten antiquiert wirkende Begriffe wie ›Authentizität‹, ›persönliche Erfahrung‹ etc. als Qualitätskriterien anführen. Simon Frith (1998/1991) unterstellt dieser Haltung einen impliziten Elitarismus, der sich auch in den Untersuchungsbereichen ausdrückt. Während etwa Fankultur beim Fußball oder Videoclips als genuiner Ausdruck von Wertsystemen einer Subkultur zu Tode analysiert werden, wird der *middlebrow*-Geschmack des Andrew Lloyd Webber-Fans mit der Verachtung des Ignorierens bedacht. »Es wäre in der Tat einfach, einen Kanon populärer Texte zu erstellen, die aus den *Cultural Studies* ausgeschlossen bleiben, und dieser Ausschluß spiegelt die Verachtung für seine Konsumenten wider, die wiederum aus Annahmen ihrer Klassenlage und/oder sozialen Passivität besteht.« (Simon Frith 1998/1991, 572)

Es gibt sicher spannendere Fragen als die, ob ein Text gut oder schlecht ist (»Die Weigerung des Kulturpopulismus, einen Text oder eine Praktik als ›gut‹ oder schlecht zu bezeichnen, ist meines Erachtens keine Krise, sondern eine willkommene Einsicht, daß es andere, manchmal viel interessantere Fragen gibt« [Storey 1993, 183]). Manche Fragen können allerdings durch den doppelten Ausschluß der *Cultural Studies* (gegenüber der Hochkultur, und sei es als eine besondere Subkultur, und gegenüber Fragen der textimmanenten Qualitäten) gar nicht gestellt werden. Es gibt – trotz oder gerade in der Postmoderne – einen offensichtlichen Bezug auf textimmanente Qualitätskriterien und Werte, die nichts mehr mit der klassischen sozialen *Distinktion* zu tun haben und auch die Hierarchisierung der Genres selbst überschreiten.

Diese Qualitätskriterien bergen auch Spannungen im Prozeß der kulturellen Produktion. So stilisieren sich Musiker als in einem ständigen Kampf mit dem System stehend, als Stimmen der Aufrichtigkeit im Kommerzsumpf, verachten teilweise sogar ihr Publikum und empfinden ihre Tätigkeit als Kompromiß zwischen kommerziellen Interessen und künstlerischem Ausdruck. Produzenten hingegen erwarten Profit, führen diesen jedoch häufig auf Genie und Originalität, die Mystik des Einfalls und den diese honorierenden Publikumsgeschmack zurück (Frith). Beim Publikum scheint sich Bewertung zwischen emotionaler Gratifikation, dem durch ›Authentizität‹ vermittelten Gemeinschaftsgefühl, einer Wertschätzung des ›Überraschungseffekts‹ und Anerkennung technisch-handwerklicher Qualitäten zu bewegen.

Diese Prozesse unterscheiden Popularkultur in keiner Weise von Hochkultur, solchermaßen empfundene Qualität ist ein Kriterium, an dem sich der Kulturbetrieb fortwährend orientiert – Rockmusiker denken in diesen Kategorien ebenso wie Operndirigenten (Goodall 1995, 173). Geschmack kann nicht (mehr) als Spezifikum der Bourgeoisie betrachtet werden, wenn man anerkennt, daß ähnliche komplexe Werthaltungen auch in die Popularkultur einfließen.

Möglicherweise muß für die nach wie vor bestehende Unterscheidung zwischen Hoch- und Popularkultur die diachrone Komponente stärker als bisher berücksichtigt werden, also die Frage, warum in abgegrenzten Diskursen, für bestimmte soziale Gruppen, die Legitimität der Hegemonie bestimmter kultureller Formen aus ihrer historischen Komponente abgeleitet wird. Die Komplexität dieses Vorgangs – das Privilegieren gewisser kultureller Formen als ›Hochkultur‹ (bzw. die Aufgabe dieser Privilegierung) – ist ein komplexer, historisch-kontextuell, sozial und vermutlich auch textimmanent bestimmter Vorgang, der sicher die Aufmerksamkeit der *Cultural Studies* verdient. (Schließlich kann, wie gezeigt wurde, ein Gutteil der traditionellen Wertungen klar am Zeitpunkt ihres Entstehens in bestimmten historischen Situationen festgemacht werden, während ein gesellschaftlicher Wandel noch nicht unbedingt einen Wandel der Werte impliziert – das wäre zu deterministisch gedacht. Die Ästhetik der Aufklärung ist sicher nach wie vor als wirksam zu bezeichnen.) Hochkultur ist mehr als die Negativfolie der Popularkultur, nimmt man das Konzept der Hegemonie ernst, so muß man auch die (ebenfalls dauernd kämpfenden) Gewinner betrachten.

Die Unterscheidung von Hoch- und Popularkultur aufgrund (pseudo-) qualitativer Kriterien ist nicht verschwunden, hat aber an Bedeutung verloren. Unter diesen Umständen ist eine Aufwertung der Popularkultur an sich weder besonders schwierig noch subversiv. Lohnenswert wäre eine Ästhetik, die sich anstelle der traditionell konkurrierenden Hierarchien solcher annimmt, die nun *innerhalb* von bisher abgegrenzten kulturellen Formen auftreten, denn diese sind natürlich auch nicht sozial unschuldig, nur verschwindet das ›Dominante‹ als monolithische Kategorie, die Orte des Konflikts vervielfachen sich. Der Zusammenbruch (bzw. das Zurückweichen) der absoluten Autorität in Qualitätsfragen (das Ewige, Gute, Schöne und Wahre, das nur die Akademie kennt) darf nicht zur Aufgabe oder Abstinenz von Bewertung führen. Die Subtilität der Analyse eines *Madonna*-Videos als Ermächtigungsstrategie für junge Frauen entbindet das Projekt *Cultural Studies* nicht davon, aufzuzeigen und zu sagen, daß die *Bild*-Zeitung ein konservatives ideologisches Programm verfolgt und die Massen verblendet. Der Kaiserball in Bad Ischl hat einen anderen Stellenwert als Maifeiern, und dies zu zeigen muß Aufgabe der *Cultural Studies* bleiben.

4. IDENTITÄT UND DIFFERENZ

4.1 IDENTITÄTSKRISEN

»Just now everybody wants to talk about ›identity‹ ... identity only becomes an issue when it is in crisis« (Mercer 1990, 4): Im ausgehenden 20. Jahrhundert hat der Begriff der ›Identität‹ in Politik und Medien, im alltäglichen Sprachgebrauch ebenso wie im Wissenschaftsdiskurs eine zentrale Bedeutung. Die »diskursive Explosion« (Hall 1996, 1) rund um den Begriff und seine verschiedenen Konzeptionalisierungen betrifft die Konstitution individueller und kollektiver Identitäten, soziale Kategorien wie Ethnizität, ›Rasse‹ und Nation, Religion und soziale Klasse, *Gender*, Sexualität und Alter, Identitätspolitik und Identitätskrise. Das Zunehmen der Fragen nach Beschaffenheit und Bedeutung von Identitäten als Verbindungen zwischen subjektiven Erfahrungen der Welt, und dem historischen, sozialen und kulturellen Umfeld, in denen sie geformt werden, zwischen Individuen und Gesellschaft deutet auf wachsende Unsicherheiten hin.

Die ›Krise‹, die das Wegfallen alter Sicherheiten begleitet, äußert sich politisch-global, etwa durch das Ende des Ost-West-Blocksystems, das im politischen Denken der Nachkriegszeit eine so zentrale Rolle gespielt hat und in Wechselwirkung mit der Erosion ›klassischer‹ nationalstaatlicher Konzepte steht. Dieser Zerfall wird wiederum an den lokalen und regionalen Konflikten um ethnische und nationale Zugehörigkeiten wie im ehemaligen Jugoslawien oder in Ruanda besonders deutlich. Eine der bedeutsamsten Folgen derartiger Konflikte ist das Phänomen zunehmender Migrationen immer größerer Gruppen von Menschen auf der Flucht vor Gewalt und Tod.

Weitere Formen unfreiwilliger wie freiwilliger Mobilität und Migration bringen die unter dem Schlagwort der ›Globalisierung‹

zusammengefaßten Phänomene wirtschaftlicher, technologischer und kultureller Grenzüberschreitungen mit sich. Die »Transnationalisierung« (Robins 1997) von Produktion und Konsumation, die nicht zuletzt durch die rasante Entwicklung moderner Kommunikations- und Informationstechnologien ermöglicht wird, löst nationale Strukturen und traditionelle Handlungs- und Bedeutungszusammenhänge auf und verändert Identitätsformationen. Dies äußert sich in globalen Konsumgütern, wie sie etwa die Produkte von Coca Cola oder McDonalds, Levi's oder Benetton längst darstellen, ebenso wie in der zunehmend internationalen Arbeitsmigration.

Dem Wegfall der Bipolarität auf weltpolitischem Niveau entsprechen die Veränderungen zumindest der westlichen demokratischen Gesellschaften. Auch hier erleben wir eine Zeit der Umbrüche, das Auslaufen traditioneller politischer Modelle, die Krise des Sozialstaates, das Abnehmen stabiler Bindungen an Parteien und Kirchen, die Kritik an Teilen der demokratischen Organisationsstrukturen. Die gesellschaftliche und soziale Mobilität zeigt sich aber auch an der Demokratisierung breiterer gesellschaftlicher Bereiche, wie beispielsweise an Bürger- und Sozialinitiativen, an der Interessens- und Identitätspolitik. Der Komplexität und Individualisierung westlicher Gesellschaften entspricht die Pluralität ihrer Zentren, die Ernesto Laclau *dislocation* von Gesellschaften genannt hat (Laclau 1990), also die Zunahme der sozialen Institutionen oder Felder (Bourdieu), denen sich Individuen zugehörig fühlen, und der Freiheiten, aber auch der persönlichen wie sozialen Konflikte, die sich durch ihre – oft widersprüchlichen – Überschneidungen ergeben. Sie sind ihrerseits weniger leicht klassifizierbar, ›große Theorien‹ und Programme verlieren damit an Attraktivität und werden mit Skepsis betrachtet.

Allen diesen Entwicklungen ist ihre Widersprüchlichkeit, vor allem hinsichtlich ihrer konkreten Auswirkungen auf das (demokratische) Zusammenleben von Menschen gemeinsam. Neuen Freiheiten stehen neue Unsicherheiten gegenüber, der Auflösung starrer gesellschaftspolitischer Konzepte oftmals Konzeptlosigkeit, der

Hoffnung auf Pluralisierung und Demokratisierung die Gefahren der Beliebigkeit und eines neo-liberalen, ausschließlich marktorientierten Partikularismus.

4.2 Identitätskonzepte

Die Frage nach der Konstitution von Identität stellt einen Zusammenhang zwischen Individuen und sozialen Gruppen her. Die kulturell bestimmten Prozesse, die dazu führen, daß Individuen sich mit anderen identifizieren, funktionieren über Klassifikationen und Repräsentationen (Hall 1997a). »Identitäten werden in und durch Kultur produziert, konsumiert und reguliert, indem Bedeutungen durch symbolische Repräsentationssysteme geschaffen werden« (Woodward 1997, 2): Sie geben den Rahmen vor, innerhalb dessen wir unseren Erfahrungen Sinn geben, indem Identität und Differenz symbolisch markiert werden. Die symbolischen Markierungen haben ihrerseits reale soziale Effekte, weil Repräsentationen immer im Rahmen von Machtverhältnissen stattfinden, d. h. es geht um die Frage, wer die Macht hat, zu definieren, wer eingeschlossen und wer ausgeschlossen ist, wer aus welchen Gründen zu einer Gruppe gehört und wer nicht. Identität ist damit eine zentrale Frage der Politik und des politischen Handelns, ein »Schlüsselkonzept« (Hall 1996a), das in den vergangenen Jahre in verschiedenen Wissenschaftsdiskursen diskutiert und dekonstruiert wurde. Es hat für die Theoriebildungen der *Cultural Studies* im Zusammenhang mit Konzepten der Subjektkonstruktion und Prozessen bzw. Wirkungsweisen des Unbewußten, vor allem unter dem Einfluß der psychoanalytisch informierten feministischen und der kritischen Kulturforschung besondere Bedeutung gewonnen. Nach Stuart Hall (Hall 1990; 1996a) gibt es im wesentlichen zwei Modelle der Identitätsproduktion: Im traditionellen »naturalistischen« (d.h. essentialistischen) Sinn wird ein wesenhafter Inhalt oder Kern von Identität angenommen, der durch einen gemeinsamen Ursprung und/oder durch gemeinsame Eigenschaften bzw.

eine gemeinsame Erfahrungsstruktur mit einer Gruppe definiert ist, wobei diese Gemeinsamkeit als Basis für Solidarität und das Gefühl der Zusammengehörigkeit dient.

Gegenüber dieser Suche nach dem authentischen, wesenhaften Inhalt von Identität sieht der diskursive Zugang Identität als eine Konstruktion, als einen Prozess, der niemals abgeschlossen ist, der immer »gewonnen« und »verloren« werden kann (Hall 1996a, 2). Dieser Prozeß findet zwar unter bestimmten materiellen und symbolischen Bedingungen statt, ist jedoch auch kontingent und abhängig vom jeweiligen spezifischen Kontext. Dieses Konzept der Identität ist daher kein essentialistisches, das auf einen stabilen, unveränderlichen Kern rekurriert, der immer gleich bleibt, sondern ein strategisches, das Identität als positioniert auffaßt. Das bezieht sich auf das einzelne Subjekt wie auf kollektive Identitäten: Es gibt weder ein ›wahres Selbst‹ noch eine wesenhafte kulturelle Zugehörigkeit, die sich unter oberflächlicheren oder artifizielleren Schichten des Selbst bzw. hinter den Differenzen zwischen Menschen verbergen.

Identitäten sind niemals einheitlich und – in spätmodernen Zeiten zunehmend – fragmentiert und gebrochen. Sie sind nie singulär, sondern immer vielfältig, und wirken entlang und über verschiedene, einander überschneidende und miteinander in Wechelwirkung und in Widerspruch stehende Diskurse, Praktiken und Positionen. Sie sind jeweils historisch spezifisch und ständigen Veränderungen unterworfen. Das bedeutet für eine spätmoderne, postkoloniale Welt, in der diese Veränderungen zunehmend beschleunigt erfolgen, die Frage nach Identitäten im Zusammenhang mit Analysen genau derjenigen historischen Prozesse zu stellen, die die Destabilisierung bislang vergleichsweise konstant wirkender Formationen – Nationen, ›Rassen‹, Ethnizitäten – bewirkt haben (Hall 1996a, 4). Identitäten formieren sich innerhalb von Diskursen und werden durch sie konstruiert, d. h. an spezifischen historischen Orten und Institutionen und durch bestimmte diskursive Formationen, Praktiken und Artikulationsstrategien, die Wissen, Bedeutung und Sinn produzieren und damit die Bedingungen dafür schaffen, was »gesagt werden kann und gesagt werden muß« (zu dem von Michel Foucault geprägten Diskurs-Begriff siehe hier Hall 1996a, 7). Identitäten entstehen im Rahmen von Machtverhältnissen und Klassifikationssystemen, die sozial wie symbolisch Differenz und Ausschluß markieren. Identitäten werden durch, nicht außerhalb von Differenzen konstituiert, mehr noch, die Konstruktion von Identität erfolgt immer durch Differenz, durch die Beziehung zum anderen.

4.3 Subjekt und Identifikation

Schließlich stellt sich die Frage nach den Beziehungen zwischen Individuen und Subjektpositionen: Warum und unter welchen Umständen investieren Individuen in bestimmte Positionen und in andere nicht? Inwieweit variieren diese Positionen je nach Kontext, und können sie widersprüchlich sein? Eine besondere Rolle spielt dabei die Verbindung zwischen sozialen und psychischen Realitäten, die »Nahtstellen« (*suture*: vgl. Screen-Theorie, verwendet etwa bei Hall 1996a, 5) oder »Schnittstellen« (*intersection*: Heath 1981, 106), an denen Identitäten durch Identifikation erzeugt werden. Identitätsformation findet sowohl auf der psychischen als auch auf der Ebene der diskursiven Formationen und Praktiken statt, die das soziale Feld konstituieren.

Diese Aspekte der Subjektkonstituierung, der Produktion, Wahrnehmung und Reflexion des ›Selbst‹ werden durch die Methoden der Psychoanalyse erhellt. In der Weiterentwicklung der Psychoanalyse und Subjekttheorie Freuds wandte Jacques Lacan das Modell der strukturalistischen Linguistik, wie es Ferdinand de Saussure entwickelt hat, auf die Psychoanalyse an: Das Unbewußte ist ebenfalls wie eine Sprache strukturiert und wird mit dem Funktionieren von Zeichensystemen verglichen. Die Sprache des Unbewußten ist also wie jede andere Sprache nicht von einzelnen Individuen, sondern kulturell produziert. So wie wir eine Sprache lernen, wird auch unser Unbewußtes durch Wahrnehmungen und durch die Sprache anderer geformt.

Dieser psychoanalytisch-strukturalistische Subjektbegriff wurde etwa in der feministischen Theorie dazu verwendet, die soziale Konstruktion des ›Weiblichen‹ aufzuzeigen und zu analysieren und damit gleichzeitig Möglichkeiten der Intervention in diese soziokulturellen Prozesse zu eröffnen (siehe unten Kapitel 5). Wesentlich ist dabei die Aufgabe der im modernen westlichen Denken geprägten Vorstellung von einem einheitlichen Subjekt zugunsten der Konstruktion von Subjektivitäten in je spezifischen historisch-kulturellen Texten und Repräsentationssystemen, und damit die Möglichkeit, sowohl bewußte als auch unbewußte Identifikationsprozesse und ihre Überschneidungen in die Analyse von Identitäten miteinzubeziehen (Woodward 1997, 39-46).

4.4 Identitätspolitik

Die Frage von sozialem Ein- oder Ausschluß ist zentral für die Identitätspolitik der neuen sozialen Bewegungen (vgl. Woodward 1997, 24), die seit den frühen siebziger Jahren besonders in den USA immer deutlicher auszumachen sind: Als Ausgangspunkt von Identitätspolitik gelten die politischen Ansprüche unterdrückter oder marginalisierter sozialer Gruppen, wie sie etwa in der antirassistischen und der feministischen Bewegung und im Kampf gegen die Diskriminierung von Schwulen und Lesben artikuliert werden. Dabei geht es einerseits um Forderungen nach sozialer und politischer Gerechtigkeit, wie Iris Young betont (Young 1997; 1998): In all diesen Gruppen finden sich Personen mit einem ähnlichen Erfahrungshorizont zusammen, der in spezifischen sozialen Benachteiligungen bzw. Marginalisierungen begründet ist. Die Artikulation ihrer Ansprüche ist demnach primär politisch und zielt im Sinne eines *empowerment* auf die Veränderung der als ungerecht empfundenen Situation ab. Soziale Gruppen werden ihrerseits sowohl durch die Beziehungen zwischen ihren Mitgliedern konstituiert als auch durch die Unterschiede zu anderen Gruppen bzw. sozialen Akteuren außerhalb der Gruppe. Durch die Differenzen zwischen ›innen‹ und ›außen‹ wird die Gruppe erst sichtbar. Diese Erfahrung der Differenz erzeugt wiederum Gemeinsamkeit innerhalb der Gruppe. Andrerseits kann aber das Postulat derartiger spezifischer Identitäten, also der Einzigartigkeit von Gruppeneigenschaften, ebenso zu einer essentialistischen Gruppendefinition führen, wenn sie absolut gesetzt und die Differenzen zwischen den Gruppenmitgliedern ihrerseits marginalisiert werden, oder diejenigen, die innerhalb der Definition keinen Platz finden, ausgeschlossen werden. Dieser Vorwurf wurde etwa Teilen der feministischen Bewegung und deren a-historischer Konzeptionalisierung einer fixen Kategorie »Frau« gemacht.

4.5 Identität, Cultural Studies und Politik

In diesem Zusammenhang wird immer wieder die Tendenz kritisiert, daß *Cultural Studies* verstärkt mit Identitäts- und Differenztheorien bzw. -politiken gleichgesetzt werden. Ausgehend von der Annahme, daß Identitätsstrukturen im allgemeinen notwendigerweise als Modelle und Orte politischen Handelns definiert werden, stellt etwa Lawrence Grossberg die Frage, ob jeder Kampf um Macht als um Identitätsfragen organisiert gesehen werden soll und in ihren Begriffen verstanden werden muß? (Grossberg 1996, 88): Binäre Modelle der Opposition zwischen Unterdrückern und Unterdrückten, wie sie in Identitäts- und Differenzkonzepten angewandt werden, erwiesen sich als ungeeignet, um gegenwärtige Machtrelationen zu verstehen und Allianzen herzustellen. Daher sei eine Neuformulierung der Identitätsfrage notwendig, um im historischen Kontext wirksames Handeln zu ermöglichen. Vor allem müßten starre Widerstandsbegriffe aufgegeben werden, die einerseits die Unterdrückten völlig außerhalb von Machtstrukturen annehmen und andrerseits den vielfältigen und einander überschneidenden Wirkungsweisen von Macht nicht gerecht werden. Im Kontext der Forschungspraxis der *Cultural Studies* bedeutet das, nicht nur marginalisierte (und widerständige) Identitäten zu untersuchen (wie das bisher hauptsächlich geschah) oder aber herrschende Identitätsformationen als soziale Konstruktionen zu analysieren, sondern die beiden in ihren Wechselbeziehungen zueinander zu erforschen. Die Folge der Aufgabe dieser Konzepte ist allerdings, daß Politik viel schwieriger wird, weil die Positionen nicht mehr klar fixiert sind.

Grossbergs grundsätzliche Kritik besteht darin, daß alle Identitätskonzepte der Logik der Moderne verpflichtet seien und damit in ihren Machtformationen verhaftet blieben (Grossberg 1996, 93): Die Logik der Moderne beinhalte die Logik der Differenz, d. h. Identität werde immer in Abgrenzung zum Anderen definiert. Diese Opposition bzw. das Absolutsetzen von Differenz als binärem Gegensatz verunmögliche Theorien der »Andersheit« (*otherness*), die davon ausgehen, daß Differenz selbst ein historisch entstandenes, in modernen Machtstrukturen entwickeltes Produkt ist. Differenz wie Identität seien demnach Effekte von Macht. Das moderne Denken sei nicht nur binär, sondern erzeuge Binaritäten als konstitutive Differenzen, in denen der/das Andere immer durch seine »Negativität« definiert wird.

Grossberg erläutert diese These am Beispiel der Theorie des Orientalismus, wie sie Edward Said entwickelt hat (Said 1978): Die westliche, kolonialistische Kultur produziert Annahmen über und Bilder – Repräsentationen – des ›Orients‹ entweder als ›exotisch‹ oder als ›bedrohlich‹. Diese Repräsentationen erzeugen somit ein Objekt des westlichen Wissens, das bedeutet aber, daß sie mehr Aussagen zulassen über die Kultur, die sie produziert hat, als über jene, die das Konstruktionsobjekt ist. Es ist also zu fragen, ob ›der Orient‹ und ›das Orientalische‹ überhaupt ohne bzw. jenseits des Orientalismus existieren, d. h. jenseits der kolonialistischen Diskurse und Machtbeziehungen, in denen sie konstruiert worden sind (Grossberg 1996, 95f). Andrerseits sind reale Prozesse der Kolonisierung, Ausbeutung und Herrschaft Bestandteil dieser Entwicklung: Die Machtausübung besteht somit nicht darin, daß etwas (›der Orient‹) aus nichts geschaffen wird, sondern daß es – in diesem Fall die arabische Welt in ihrer Vielfalt und Verschiedenheit – auf eine binäre Differenz (›der Orient‹ gegenüber ›dem Westen‹) reduziert wird. Um dem Dilemma der modernen Identitäts- und Differenzlogik zu entkommen, schlägt Grossberg als Alternative eine Theorie der »Andersheit« (*otherness*) vor, die nicht mit einander ausschließenden – negativen – Gegensätzen operiert, sondern in Begriffen von Effektivität, Zugehörigkeit und »*the changing same*« (Gilroy 1993, dazu Gilroy 1997).

Anstelle der dieser modernen Logik folgenden Konzepten von Differenz, Individualität und Zeitlichkeit schlägt Grossberg vor, jene der Andersheit, Produktivität und Räumlichkeit zu setzen: Subjektivität wird als Position im Raum definiert (Grossberg 1996, 100), das Konzept der Diaspora als Möglichkeit lokaler Identifikationen und Zugehörigkeiten in historisch-räumlichen Übergängen anstelle von Identität, als vielfältige Positionen, von denen aus wir die Welt erfahren und uns räumlich in Relation zu anderen definieren (Gilroy 1992, Clifford 1994). Diese Konzepte schaffen Möglichkeiten für eine Theorie von Handlungsfähigkeit und (historischer) Veränderung, für politische Allianzen jenseits des Identitätsbegriffs (Grossberg 1996, 103). Sie folgen der Logik des »Nächsten« anstelle des »Eigenen«, der Zugehörigkeit anstelle von Mitgliedschaft (ebd. 104). Oder, wie Stuart Hall es formuliert: Es geht weniger um die Fragen: »Wer sind wir?« und »Woher kommen wir?« als darum herauszufinden, »Wer wir werden können«, und die Bedingungen dafür zu schaffen (Hall 1996a, 4).

5. Gender und Sexualität

Die verschiedenen Formen und Ausprägungen feministischer Bewegungen und Forschung sind mittlerweile so vielfältig, daß eigentlich nur noch im Plural von »Feminismen« gesprochen werden kann (etwa Kemp/Squires 1997). Gemessen an der Geschichte der politischen Bestrebungen und wissenschaftlichen Unternehmen, die dieser Begriff zusammenfaßt, sind die *Gender* Studies, die sich mit der Kategorie Geschlecht und ihren Bedeutungen, mit Geschlechteridentität und -differenz, Geschlechterverhältnissen und -ordnungen auseinandersetzen, vergleichsweise jung.

Noch jünger sind allerdings die Allianzen zwischen feministischer und *Gender*-Forschung einerseits und den *Cultural Studies* andrerseits, so paradox dies auf den ersten Blick angesichts ihrer Gemeinsamkeiten und der Bedeutung, die die Kategorie *Gender* für die zeitgenössischen *Cultural Studies* gewonnen hat, scheinen mag. Während sowohl personell als auch hinsichtlich der Fragestellungen und Interessenbereiche der britischen *Cultural Studies* Frauen erst in den späten siebziger bzw. frühen achtziger Jahren sichtbar geworden sind, stellen *Gender*-Fragen mittlerweile nahezu einen integralen Bestandteil kritischer Kulturanalysen dar.

Dabei geht es darum, wie in kulturellen Systemen Konzepte von Geschlechtsidentität und -differenz produziert und bestätigt werden, wie diese mit anderen bedeutungsstiftenden Repräsentationen und Achsen wie Klasse, ›Rasse‹, Ethnizität, Religion etc., entlang derer sich Identitäten konstituieren, in Wechselwirkung stehen, und wie auf diese Weise vielfältige soziale Hierarchien und Unterdrückungsformen erzeugt und aufrechterhalten werden.

5.1 Feministische Bewegung und feministische Forschung

Historisch werden zwei Wellen der feministischen Bewegung unterschieden: In der zweiten Hälfte des 19. Jahrhunderts formierte sich die erste Frauenbewegung als eine liberale, politisch-rechtliche mit dem Ziel der gleichberechtigten politischen Partizipation. Dabei ging es um die Erlangung von Rechten, die bisher ausdrücklich Männern vorbehalten waren: um das Wahlrecht, um den Zugang zu öffentlichen Funktionen, aber ebenso um das Recht auf gleiche Aus- und Weiterbildung, etwa den Hochschulzugang für Frauen. Demgegenüber spielte für die zweite Welle der feministischen Bewegung seit den sechziger Jahren die tatsächliche Umsetzung der von der ersten Frauenbewegung eingeforderten Rechte in die soziale Praxis die herausragende Rolle. Soziale Ungleichbehandlung und Benachteiligung im öffentlichen Leben und in der Arbeitswelt, ungleiche (Aus-)Bildungschancen, Familienplanung und Geburtenkontrolle sind diejenigen Probleme, an denen sich das nachhaltige Wirken von Geschlechterverhältnissen als Herrschaftsverhältnisse in privaten, öffentlichen und wissenschaftlichen Diskursen manifestiert.

Das gemeinsame Ziel der feministischen Bewegung war und ist deshalb das Sichtbarmachen von Frauen in all jenen Bereichen, in denen sie bisher marginalisiert waren und nach wie vor sind, bzw. das Bewußtmachen von Geschlechterhierarchien innerhalb der sozialen Ordnung. Damit untrennbar verbunden ist das Bemühen um die Auflösung von kulturell fundierten und reproduzierten Paradigmata, die bedingen, daß Frauen trotz eines verbesserten rechtlichen oder politischen Status innerhalb von starren *Gender*-Definitionen und Rollenbildern gefangen bleiben, die durch ein patriarchalisches soziales und politisches System aufrechterhalten werden.

Charakteristisch für die zweite feministische Bewegung und ihren politischen Aktionismus sind Netzwerke zwischen informell organisierte Frauengruppen. Für die feministische Wissenschaft, die sich im Zusammenhang mit dieser zweiten Welle der Frauenrechtsbewegung und ihren Strukturen zunächst als *Women Studies* konstituiert hat, spielte damit ihre explizit politische Orientierung von Anfang an eine zentrale Rolle. In den USA entwickelten sich etwa die aktivistische und die akademische Bewegung zumindest bis zur Institutionalisierung der *Women Studies* in den amerikanischen Universitäten parallel. Diese zunehmende Verankerung feministischer Wissenschaft in akademischen Institutionen seit den achtziger Jahren rief dabei allerdings ähnliche Kritik hervor, wie diejenige, mit der sich die *Cultural Studies* konfrontiert sehen: Ihr professioneller Erfolg führe in Verbindung mit einem theoretischen Paradigmenwechsel zu einer Verwässerung, wenn nicht zur Aufgabe politischer Ansprüche und Ziele, zu einer Entfremdung zwischen feministischer Bewegung und feministischer Forschung. Die ›kulturelle und konstruktivistische Wende‹ hat vor allem unter dem Einfluß des Poststrukturalismus und der Rezeption psychoanalytischer Theorien seit den achtziger Jahren wesentliche Veränderungen in den theoretischen Grundlagen der feministischen Forschung bewirkt. Besonders der Einfluß der Psychoanalyse Jacques Lacans und der diskursanalytischen Arbeiten Michel Foucaults haben wesentlich dazu beigetragen, daß geschlechtliche Differenz nicht als von Natur aus vorgegeben angesehen wird, sondern durch und innerhalb von psychischen Prozessen und historisch spezifischen Diskursen geformt, daß also die *Gender*-Rollen von Frauen ebenso wie von Männern sozial und kulturell geprägt und dementsprechend auch veränderbar sind und nicht biologisch determiniert.

Gender Studies sind folglich in einem über die ursprünglichen Konzeptionen der zweiten feministischen Bewegung hinausgehenden Sinn mit den kulturellen Bedeutungen aller Formationen von Geschlecht und Sexualität befaßt. Dies wird anhand von Fragestellungen zu den Konstruktionen von ›Männlichkeit‹ und vor allem an den *Gay and Lesbian Studies* deutlich, die wie die *Women Studies* über den politischen Aktivismus gegen die sexuelle, soziale und rechtliche Diskriminierung von Homosexuellen Sexualität unter veränderten Perspektiven hinsichtlich der Konstitution von persönlichen wie kollektiven Identitäten und ihrer Rolle bei der Ausbildung und Aufrechterhaltung von gesellschaftlichen Ordnungssystemen, Vorurteilen und Hierarchien thematisiert haben. Vor allem die Einsicht, daß Kategorien wie ›Normalität‹ und ›Abweichung‹ soziokulturelle Konstrukte darstellen, hat zu einer Schwerpunktverschiebung von Forderungen nach Toleranz auf die Frage nach den politischen Bedeutungen der Diskriminierung homosexueller und lesbischer Praktiken geführt, und damit weitere epistemologische Perspektiven auf die Definition von Geschlecht eröffnet.

Neben und infolge der Infragestellung und Auflösung von Vorstellungen der ›natürlichen Ordnung‹ und ›Naturgegebenheit‹ von Geschlechterverhältnissen und sexuellen Verhaltensweisen ist ein wachsendes Bewußtsein für die Unterschiede zwischen Frauen, vor allem in Hinblick auf dic identitären Achsen von Ethnizität und ›Rasse‹, und ihre Auswirkungen auf die Formierung und Erfahrung von *geschlechtlichen* Identitäten und Rollen entstanden. Besonders schwarze Wissenschafterinnen haben in diesem Zusammenhang weiße mittelständische feministische Akademikerinnen dafür kritisiert, daß sie die vielfältigen Überschneidungen von Unterdrückungsformen aufgrund von ›Rasse‹ im Zusammenwirken mit sozialer Marginalisierung und geschlechtsspezifischer Diskriminierung nicht wahrnehmen oder ausblenden und ihre eigenen Erfahrungen universalisieren (vgl. unten S. 133). Diese Forderung, den grundlegenden Unterschieden der Lebens- und Handlungsbedingungen seitens einer feministischen Politik gerechter zu werden als bisher, konfrontierte die feministische Forschung mit einer grundsätzlichen Problematik, die sich in der Frage zusammenfassen läßt, ob es eine singuläre ›weibliche Identität‹ als Ausgangspunkt wissenschaftlicher Arbeit und politischer Aktion überhaupt gibt, und in der Folge zur Dekonstruktion essentialistischer Konzeptionen der Kategorie ›Frau‹. Denise Riley (1988) und andere haben argumentiert, daß eine solche Kategorie von einem unhinterfragten, unveränderten und unveränderbaren Konzept von ›Frauen‹ ausgeht, und dagegengehalten, daß dieses Konzept ein Produkt von spezifischen historischen Kontexten und diskursiven Praktiken ist, die ihm jeweils eine Bedeutung als zusammenhängende Einheit zuschreiben, die es ansonsten nicht gäbe. Die Kategorie ›Frau‹ als diskursive Konstruktion ist daher ständigen Veränderungen unterworfen, weil sie immer in Wechselwirkung mit anderen Kategorien steht, die sich ihrerseits verändern (Riley 1988, in Scott 1997, 17-33).

Damit ist in der gegenwärtigen feministischen Forschung die Sensibilisierung für Differenzen zwischen Frauen in spezifischen historischen Kontexten zu einer zentralen Bedingung bei der Erforschung von Lebensumständen und Identitätsformationen verschiedener Frauen an verschiedenen Orten und zu unterschiedlichen Zeiten geworden. Gleichzeitig ist aber auch ein Bewußtsein dafür entstanden, daß die Markierung von Differenzen ihrerseits wieder Unterschiede schafft, die als soziale Fakten erscheinen. Joan Scott betont daher die Notwendigkeit der historischen Analyse für die feministische Forschung, da nur sie ein Aufbrechen von stabil und dauerhaft scheinenden Fakten und von sozialen Hierarchien als Effekte von historisch bedingten Veränderungsprozessen ermöglicht (Scott 1997, 8).

5.2 Feministische Forschung und Cultural Studies

In der Geschichte der britischen *Cultural Studies* spielten Frauen, die Thematisierung von Fragen nach Geschlechterordnungen und die Einbeziehung von *Gender* als analytische Kategorie erst vergleichsweise spät eine Rolle (Hall 1992, 282f; Turner ^{2}1996, 222-227). Diese Marginalisierung, die in ähnlicher Weise für die Auseinandersetzung mit ›Rasse‹ und Ethnizität gilt, ist zu einem guten Teil auf den zentralen Stellenwert zurückzuführen, den die Kategorie ›Klasse‹ in der Entstehungsgeschichte der britischen

Cultural Studies hat – »*the moment of the New Left*« und ihre Auseinandersetzung mit dem Marxismus (Hall 1992, 283). Während ›Klasse‹ und Geschichte, Hegemonie und Ideologie zentrale Konzepte der frühen *Cultural Studies* darstellten, waren andere wie Identität und Differenz, Subjektivität und Repräsentation oder die Konzeption von Macht als geschlechtlich kodiertem Phänomen keinesfalls integrale Bestandteile der Analysen, wie dies heute der Fall ist.

In den Forschungen zu Arbeiter- und Jugendkulturen, die in den ersten Jahren am CCCS entstanden, spielten dementsprechend Klassengegensätze und -hierarchien die dominierende Rolle. Alle anderen sozialen Unterschiede oder Überlagerungen und Wechselwirkungen von Unterdrückungsphänomenen und -mechanismen traten in den Hintergrund oder wurden gänzlich ausgeblendet. Diese Blindheit gegenüber solchen Fragen zeigt sich zum Beispiel an der geschlechtsneutralen Begrifflichkeit, wie sie etwa Paul Willis in seiner Studie zu gegenkulturellen Phänomenen unter jugendlichen Arbeitern verwendet (Horak 1998b, 132f): Zwar beschäftigt er sich ausschließlich mit männlichen Subkulturen, spricht aber begrifflich neutral von »*kids*« und verschleiert damit den Ausschluß der »*working class girls*« aus seiner Untersuchung (Willis 1979). Das heißt, daß die geschlechtsspezifische Unterordnung von Frauen unter Männer im Feld der *Cultural Studies* – wo man sie vielleicht weniger vermuten würde als etwa im traditionellen Wissenschaftsbetrieb – genauso wie in anderen Bereichen existierte, wenn auch weniger deutlich. Dies wurde offensichtlich, als 1978 die *Women's Studies Group* des CCCS, eine Gruppe von feministischen Forscherinnen, eine erste Aufsatzsammlung im Rahmen der »*Working Papers*« des CCCS publizierte: Unter dem Titel »*Women Take Issue: Aspects of Women's Subordination*« zeigten sie auf, wie schwierig die Bedingungen für die intellektuelle Arbeit von Frauen auch in diesem Forschungskontext waren (Turner ²1996, 223f).

Für die frühen feministischen Cultural Studies war die Kategorie ›Klasse‹ zwar ebenfalls zentral, allerdings lag der Schwerpunkt auf

Fragen der Wechselwirkungen von Strukturen und Beziehungen zwischen sozialen Klassen und Geschlechterverhältnissen und -hierarchien: In einer Reihe von ethnographischen Studien wurden die Lebensverhältnisse von Frauen und Mädchen der Arbeiterklasse untersucht, die Lebensbedingungen innerhalb ihrer Familien und in den Schulen, ihre Ausbildungschancen und Freizeitgestaltungen. Wesentlich ist dabei ein Verständnis dieser Frauen und Mädchen als Subjekte, die sich zwar sowohl sozial als auch hinsichtlich ihres Geschlechts in einer untergeordneten Position befinden, die aber durch die Umdeutung und Aneignung kultureller Formen Freiräume für die Entwicklung eigenständiger Praktiken und Selbstdefinitionen ebenso wie für Widerstand gewinnen können (McRobbie 1997, 171f). Diese Untersuchungen setzten sich mit den verschiedenen Funktionen von Konsumgütern und Medien und ihren Bedeutungen für weibliche Jugendkulturen auseinander, sei es daß sie Fernsehserien wie Dallas (Ang 1985), Mädchen- und Frauenzeitschriften und -romane, das Fanverhalten von Mädchen gegenüber Stars wie Madonna oder ihr Konsumverhalten und den Stellenwert von Mode und Shopping analysierten (z.B. McRobbie 1991, Radway 1984). Fragestellungen nach den Verbindungen von Konsum und *pleasure,* nach den Möglichkeiten des Widerstandes im Konsumverhalten und nach Repräsentationen von ›Weiblichkeit‹, Körperbildern und Sexualitäten in den Medien und die Formen ihrer Aneignung durch die Zuseherinnen wurden dabei mit den grundsätzlichen Fragen nach Wissensproduktion und dem Verhältnis von Wissen und Macht in Verbindung gebracht.

5.3 Wissen und Macht

Gemeinsamkeiten der feministischen Forschung und der Cultural Studies bestehen in ihrer explizit politischen Orientierung, in ihrem problemorientierten und emanzipatorischen Interesse für Formen und Mechanismen von sozialem Ausschluß und Marginalisierung und der Suche nach Möglichkeiten, die Herrschaftsverhältnisse, die diese erzeugen und legitimieren, durch politisch informierte Theoriebildung und Forschung und ein theoretisch fundiertes politisches Engagement zu verändern.

Daraus folgt hinsichtlich der Instrumente und Methoden zum einen die transdisziplinäre Herangehensweise, die sowohl die feministische Forschung als auch die *Cultural Studies* charakterisiert. Mehr noch, innerhalb beider Richtungen wird die Notwendigkeit radikal anti-disziplinärer Forschung betont, um verschiedene disziplinäre Zugänge und Instrumente für die an komplexen Problemen orientierten Fragestellungen zu nutzen und die Fragen nicht durch die kanonisierten Regeln der klassischen wissenschaftlichen Disziplinen zu begrenzen (Grossberg 1994, 32f). Damit verbunden war in beiden Fällen die ursprüngliche Positionierung außerhalb und in Opposition zum akademischen Betrieb, die ihre theoretischen Grundlagen in der Infragestellung der erkenntnistheoretischen Prämissen des traditionellen, am Objektivitätsparadigma orientierten Wissenschaftsbetriebs und seiner Wissensproduktion hat. Demgegenüber wird als neues Paradigma die Situiertheit (Harding 1991, Haraway 1995) jedes Wissens, das Bekenntnis zu einer Offenlegung des je spezifischen Erkenntnisinteresses und der notwendig subjektiven Zugangsweise bzw. der Standortgebundenheit von Forscherinnen und Forschern postuliert. Jede wissenschaftliche Wahrnehmung findet unter spezifischen Bedingungen statt. Wirklichkeit kann daher durch keine Wissenschaft ›objektiv‹ abgebildet werden. Die Erkenntnistätigkeit des/der Forschenden stellt immer auch einen aktiven interpretierenden Eingriff dar. Wissen wird daher immer in einem konkreten historischen Kontext von symbolischen und sozialen Bedingungen durch spezifische Wahrnehmungsweisen konstruiert (Singer 1996, 73ff).

Das Wissen um die Konstruktion der Wirklichkeit durch unsere Wahrnehmung ermöglicht es, die vermeintlichen Objektivitätsansprüche traditioneller Wissenschaft einer fundamentalen Kritik zu unterziehen: Durch das Postulat, außerhalb dessen, was untersucht wird, zu stehen und dadurch objektive Aussagen darüber treffen zu können, wie die Welt wirklich ist, werden Interessen verschleiert, die letztlich darauf ausgerichtet sind, die soziale Ordnung und in ihr bestehende Machtverhältnisse aufrechtzuerhalten. Für die feministischen *Cultural Studies* bedeutet dies wie für die feministische Forschung generell zu zeigen, daß der moderne Wissenschaftsbetrieb nach wie vor weitgehend von männlich dominierten Wissensdiskursen geprägt ist, die traditionelle Geschlechterhierarchien legitimieren, reproduzieren und festschreiben (Fox Keller/Longino 1996; Singer 1998).

5.4 Sex und Gender

Eine weitere zentrale Schnittstelle zwischen *Cultural Studies* und feministischer Forschung bzw. *Gender Studies* liegt in einem der gegenwärtig am intensivst diskutierten Felder, nämlich der Thematisierung bzw. Infragestellung traditioneller Konzeptionalisierungen von Kultur und Natur. Eines der Ziele der *Cultural Studies* ist es, die Kategorie des ›Natürlichen‹ und gleichzeitig des binären Gegensatzes zwischen den beiden Kategorien aufzubrechen, indem »die Geschichte hinter den sozialen Beziehungen aufgedeckt wird, die wir als Produkte von neutralen evolutionären Prozessen ansehen« (Turner ²1996, 6). Kulturelle Prozesse wirken gerade dort besonders nachhaltig, wo man sich auf scheinbar ›natürliche‹, gegebene und objektive Tatsachen beruft: »Es gehört zu den fundamentalsten Paradoxa in unserem sozialen Leben, daß die natürlichsten und alltäglichsten Bereiche unseres Lebens gleichzeitig auch diejenigen sind, die am stärksten kulturell konstituiert sind, daß die selbstverständlichsten Rollen, die wir einnehmen, gleichzeitig konstruierte, erlernte und keineswegs notwendige, also unvermeidbare, Rollen sind« (Willis 1979, 184).

Das bedeutet konkret für die Frage nach Geschlechterdifferenz und Geschlechterverhältnis, daß diese nicht mehr als durch die biologischen Grundlagen ›natürlich‹ vorgegeben und damit historisch wie gesellschaftlich-politisch unverändert und unveränderbar erscheinen, sondern daß sie als das Ergebnis von kulturellen und gesellschaftlichen Prozessen aufgefaßt werden. Vor allem in der historischen Analyse von Geschlechterverhältnissen zeigt sich, daß den traditionellen Zuschreibungen von Weiblichkeit und Männlichkeit als binäre Gegensätze Wertungen und in der Folge Hierarchisierungen inhärent sind. Nach einem derartigen Verständnis wurde die Kategorie ›Frau‹ nicht zuletzt aufgrund ihrer Rolle bei der Reproduktion symbolisch in Verbindung mit ›Natur‹ und ›dem Natürlichen‹ gebracht, während der ›Mann‹ mit ›Kultur‹ assoziiert wurde. Die soziale Dimension einer solchen Kategorisierung wird in einer Rollenzuschreibung und -verteilung von weiblichen Eigenschaften und Aufgaben im privaten, häuslichen Bereich und männlichen Tätigkeiten in der öffentlichen Domäne, sei es im Arbeitsleben oder in der Politik, deutlich. Daher bestand die Voraussetzung für eine Veränderung derartiger Vorstellungen und der auf ihnen beruhenden sozialen Ordnungen darin zu zeigen, daß die Trennung von Natur und Kultur, von anatomisch-biologischen und sozio-kulturellen Faktoren eine künstliche ist, die Geschlechterdifferenzen erst begründet. Oder, wie es Henrietta Moore ausdrückt: »*Whatever role biology was playing, it was not determining gender*« (Moore 1994, 80). Während es allerdings innerhalb der feministischen Forschung und der *Cultural Studies* mittlerweile einen breiten Konsens über die Konstruktion des sozialen Geschlechts (*gender*) gibt, gehen die Meinungen über die Beschaffenheit des anatomischen Geschlechts (*sex*) nach wie vor auseinander. Im Zentrum der Debatten steht die von Judith Butler unter dem Titel »*Gender Trouble*« (dt. »Das Unbehagen der Geschlechter«) formulierte These, daß auch das anatomische Geschlecht nicht ›natürlich‹ gegeben, sondern ebenfalls durch symbolische und kulturelle Faktoren konstruiert ist. Demnach stelle jegliche Unterscheidung in zwei Geschlechter als vor-diskursives Faktum bereits einen Effekt des eingeübten *Gender*-Diskurses dar (Butler 1990/1991). Die Thesen Butlers bauen auf jenen Foucaults auf, wie er sie vor allem in seiner Geschichte der Sexualität formuliert hat und die den Körper als Konstruktion

innerhalb von historischen Wissensdiskursen und Machtbeziehungen verorten (Foucault 1976/ [8]1995). Die konstruktivistische Sichtweise nimmt zwar jeder Form von Naturalismus oder Biologismus und ihrer Suche nach notwendigen, in biologischen Unterschieden begründeten Erklärungen und Rechtfertigungen für soziale Ungleichheiten und Diskriminierungen die argumentative Basis. Allerdings wurde dieser kontruktivistische Körperbegriff dahingehend kritisiert, daß er den Körper auf den Effekt diskursiver Praktiken reduziere und als phantasmatisches Produkt erscheinen lasse (vgl. Singer 1996, 91; Shilling 1997, hier: 78-81).
Alternative Möglichkeiten der Interpretation der Theorien Foucaults und Butlers bestehen darin, den materiellen Körper weder in der kulturellen Konstruktion seiner Bedeutungen aufzulösen noch zum biologischen Essentialismus zurückzukehren, sondern ›Biologie‹ und ›Kultur‹ als vielschichtige Prozesse aufzufassen, die in komplexen Wechselwirkungen miteinander stehen und damit die Konstitution von »verkörperten« sozialen Beziehungen, Identitäten und Differenzen bewirken (Shilling 1997, 102). Der Körper als historisches Phänomen ist materielle Basis und Ort von Identitätsformationen und nicht nur der Effekt der Konstruktion von sozialen Unterschieden. In diesem Sinn kann man auch Judith Butlers Weiterentwicklung ihrer Theorie mit dem bezeichnenden Titel »*Bodies That Matter*« (1993/1995) lesen. Michel Foucault definierte seinerseits als Ziel seiner Untersuchung zu zeigen, »wie sich Machtdispositive direkt an den Körper schalten – an Körper, Funktionen, physiologische Prozesse, Empfindungen, Lüste«. Es gehe keineswegs um eine »Ausradierung der Körper«, sondern darum, »sie in einer Analyse sichtbar zu machen, in der das Biologische und das Historische nicht wie im Evolutionismus aufeinander folgen, sondern sich in einer Komplexität verschränken, die im gleichen Maße wächst, wie sich die modernen Lebens-Macht-Technologien entwickeln« (Foucault 1979/ [8]1995, 181).

5.5 Sexualitäten

Neben der Kritik an den entgegengesetzt gedachten männlichen und weiblichen Geschlechteridentitäten ermöglichten die konstruktivistischen Zugänge die Zurückweisung weiterer essentialistischer Gegenüberstellungen, wie jener von fundamentalen Differenzen zwischen männlicher und weiblicher Sexualität sowie von Heterosexualität als dem ›normalen‹, ›natürlichen‹ sexuellen Verhalten gegenüber homosexuellen Praktiken als Abweichungen von der Norm.

Diese Zurückweisung erfolgt zugunsten einer kulturell konstruierten Konzeption von sexueller Subjektivität und Identität. Sexuelle Identitäten ebenso wie Begriffe von ›Normalität‹ und ›Abweichung‹ werden innerhalb von symbolischen und sozialen Systemen produziert und durch sie bestätigt. Sexualitäten spielen eine wichtige Rolle für subjektive und kollektive Identitätsbildungen und stellen somit ein äußerst komplexes Feld dar, das nach Foucault in modernen Gesellschaften die wirkungsmächtigste Form sozialer Reglementierung und Kontrolle ist und eine dementsprechend zentrale Bedeutung im Rahmen von Machtrelationen hat (Foucault 1979/ ^{8}1995).

Die Diskussion um sexuelle Orientierung, Praktiken und Identitäten und ihre Überschneidungen mit *Gender*-Identitäten und -Differenzen steht im Zusammenhang mit der Entwicklung der homosexuellen und lesbischen Bewegungen und der *Gay and Lesbian Studies* und ihrer Kämpfe gegen hegemoniale heterosexuelle Normen und für die Anerkennung von individueller sexueller Autonomie und Verschiedenheit. Gesellschaftliche Vorurteile und die Diskriminierung sexueller Verhaltensweisen, die Überschneidung von sexistischen und rassistischen Unterdrückungsformen machen ebenso wie die vielfältigen Repräsentationen von Sexualität in Medien- und Popularkultur deutlich, daß es sich dabei keineswegs um einen ›privaten‹ Bereich handelt, sondern um ein öffentlich umkämpftes Feld mit umfassenden politischen Implikationen. Dies betrifft zum Beispiel die Sexualerziehung in öffentlichen Schulen, die staatliche Gesetzgebung in Fragen von Abtreibung und Pornographie oder die Rechte sexueller Minderheiten (Segal 1997).

Die Debatten um Sexualitäten und ihre Überschneidungen mit anderen identitären Achsen lassen eine Sensibilisierung für Differenzen umso notwendiger erscheinen. Wenn etwa in den späten siebziger und achtziger Jahren von der radikal lesbischen Bewegung argumentiert wurde, daß eine grundsätzliche Ablehnung der Heterosexualität auch die Ablehnung von traditionell ›weiblich‹ definierten Rollen impliziere und damit Möglichkeiten für Frauen eröffne, sich außerhalb der Geschlechterhierarchie, mehr noch der männlich definierten und dominierten ökonomischen, ideologischen und politischen Machtstrukturen zu stellen, so werden solche Konzepte zunehmend wegen ihrer eigenen Differenzblindheit kritisiert: Lesbische Subjektivität werde als privilegiert angesehen und ihr ein größeres Potential für politische Subversion zuerkannt als anderen Formen von Sexualität. Das bedeutet wiederum, daß es auch auf der ›Rückseite‹ diskriminierender Praktiken zunehmend um eine Dekonstruktion binären Denkens geht, das seinerseits Gefahr läuft, Ausschlüsse zu reproduzieren. Eine Anerkennung der vielfältigen Formen sowohl hetero- als auch homosexueller Praktiken und antiessentialistisch angenommener sexueller Identitäten auf der Basis von psychoanalytischen und poststrukturalistischen Erkenntnissen ermöglicht ein Aufbrechen derartiger Gegensätze (Segal 1994, 1997).

Angela McRobbie unterstreicht die subversiven Möglichkeiten, die in der Auflösung der Gegensätze männlich/weiblich, aktiv/passiv, heterosexuell/homosexuell liegen, und macht diese Ansätze für die feministischen *Cultural Studies* und die Analyse von jugendlichen Subkulturen nutzbar: Das Konzept der *Bricolage*, das etwa von Dick Hebdige verwendet wurde, um zu zeigen, wie Jugendliche existierende und zugängliche kulturelle Codes reorganisieren, um ihnen neue und oppositionelle Bedeutungen zu geben (Hebdige 1997), läßt sich auf neue Lesarten von *Sex* und *Gender* in subkulturellen und jugendlichen Identitätsformationen anwenden. Sie stellt eine Verbindung her zwischen Butlers Konzept von *Gender* als *performativity* und der spezifischen *Cultural Studies*-Tradition des »Widerstands durch Rituale« (»*resistance through rituals*«: Hall/Jefferson 1976), die ihrerseits neue individuelle und politische Handlungsspielräume eröffnet (McRobbie 1997, 182; Baldauf/ Weingartner 1998).

6. Ethnizität, »Rasse«, Nation

6.1 Community oder Wer ist einer von uns?

Wie die Kategorie ›Geschlecht‹ ist die Kategorie ›Rasse‹[2] heute eines der zentralen Konzepte, um Identitätsbildungen und Konstruktionen von symbolischen und sozialen Differenzen zu analysieren. Ebenso wie für die feministische Bewegung und Wissenschaft gilt allerdings, daß Fragen von *race*, *race politics* und *race relations* im Zusammenhang mit der Bürgerrechts- und der *Black Power*-Bewegung in den US-amerikanischen *Cultural Studies* wesentlich früher eine Rolle spielten als in Großbritannien. Diese ursprüngliche Marginalisierung der Kategorie ›Rasse‹ wird einerseits mit der historischen Entwicklung der britischen *Cultural Studies* und ihrer spezifischen ›klassenorientierten‹ Perspektive begründet (s.o. S. 108f.; Turner [2]1996). Andrerseits führen sie ihre Kritiker auf den englischen Ethnozentrismus und Nationalismus zurück, die auch die Tradition der frühen britischen Cultural

---

[2] Der Begriff ›Rasse‹ zur Bezeichnung einer analytischen und sozialen Kategorie wird im Englischen wesentlich selbstverständlicher und daher meist ohne Anführungszeichen verwendet. Die Konnotation, die der deutschsprachige Begriff durch seine spezifische Prägung im Zusammenhang mit dem Nationalsozialismus und insbesondere dem Holocaust hat, findet darin ihren Ausdruck, daß er im deutschen Sprachgebrauch unter Anführungszeichen gesetzt wird, um auf diese Weise das Bewusstsein der problematischen Begriffsbildung zu betonen. Ihre grundsätzliche Beibehaltung erscheint allerdings notwendig, da der Begriff der ›Rasse‹ gerade in den rassistischen Diskursen der jüngeren Vergangenheit und der Gegenwart zunehmend durch andere Konzepte – wie etwa der ›kulturellen Identität‹ – ersetzt wird. Auf diese Weise werden Rassismen verschleiert und gleichzeitig gesellschaftsfähig gemacht. Ein differenzierter Gebrauch des Begriffs ›Rasse‹ als analytische Kategorie kann hingegen auch subtilere Formen rassistischer Ausgrenzung sichtbar machen, ohne dabei notwendigerweise essentialistische Klassifikationen fortzuschreiben (vgl. Bielefeld 1991, Singer 1997, 52f)

Studies kennzeichnen (Gilroy 1987, 1993). Diese Leerstelle bzw. die späte Thematisierung und Problematisierung von Ethnizität, ›Rasse‹ und Nation ist umso auffälliger, als die Frühphase der Cultural Studies in den sechziger und siebziger Jahren mit den Wellen der Immigration aus den ehemaligen britischen Kolonien und der daraus folgenden öffentlichen Diskussion von Fragen der nationalen Identität und Zugehörigkeit sowie den britischen *race politics* koinzidierte (Turner ²1996, 227). Die erste Publikation des CCCS, die sich unter dem Titel *Policing the Crisis* mit den rassistischen Hintergründen für die »*Mugging*«-Krise auseinandersetzte, einem Phänomen von Überfällen im London der siebziger Jahre, das von der englischen Presse so dargestellt wurde, als ob ausschließlich Schwarze Überfälle auf Weiße begingen, erschien erst 1979: Der späte Zeitpunkt ihres Erscheinens ist für Stuart Hall, einen der Autoren der Studie, ein deutlicher Hinweis für den langen Kampf, der einer Aufnahme der Kategorie ›Rasse‹ unter die politischen und theoretischen Agenda der *Cultural Studies* voranging (Hall 1992, 282).

Paul Gilroy formulierte diese Kritik drei Jahre nach dem Erscheinen von *Policing the Crisis* in seiner Einleitung zu *The Empire Strikes Back* (1982) noch schärfer. Bei diesem Buch handelt es sich um eine wissenschaftliche Aufsatzsammlung, die – ähnlich wie die feministische Publikation *Women Take Issue* (1978) für die Kategorie Geschlecht – den Durchbruch von Fragestellungen zu ›Rasse‹ und Rassismus im *Cultural Studies*-Diskurs markierte: Die englische Linke blende nach wie vor durch ihren engen Begriff des »National-Populären« die Rolle der Schwarzen und ihrer Beteiligung an der (Neu-)formierung der englischen Arbeiterklasse aus (ebd., 7). Kultur werde im Rahmen von scheinbar homogenen nationalen Einheiten analysiert, wobei die Marginalisierung der Kategorie ›Rasse‹ in Wechselwirkung mit Formen eines Nationalismus stehe, der sich im Zelebrieren einer spezifischen »*Englishness*« äußere, von der Schwarze systematisch ausgeschlossen seien (Gilroy 1987, 12). Kulturelle Praktiken, wie sie die britischen *Cultural Studies* untersuchten, würden als

Ausdruck einer derartigen homogenen nationalen Identität gesehen (ebd., 68).
Diese Kritik thematisiert über die historische Situation hinaus, in der sie an der *Cultural Studies*-Praxis geäußert wurde, zwei Konzepte, deren Dekonstruktion auch im gegenwärtigen politischen und wissenschaftlichen Diskurs um Identität und Differenz, Ethnizität, ›Rasse‹ und Nation eine zentrale Rolle spielen: Das ist einmal die Vorstellung von spezifischen und unveränderbaren nationalen Identitäten und zum anderen die ethnozentrische Definition kultureller Einheit und Reinheit, also Formen von nationalistischem bzw. ethnischem Absolutismus (Turner ²1996, 230).
Gegenwärtig gibt es zahlreiche theoretische und inhaltliche Überschneidungen der *Cultural Studies* mit den *Colonial* und *Postcolonial Studies* (Williams/Chrisman 1994; Ashcroft/Griffiths/Tiffin 1995), die sich vor allem in Europa und den USA formiert haben und sich mit der neuzeitlichen Geschichte von kolonialer Expansion und Unterdrückung bis in die Gegenwart auseinandersetzen. Diskurse über ›Rasse‹ und Politik, über die asymmetrischen Machtrelationen zwischen dem ›Westen‹ und dem ›Nicht-Westen‹, Hierarchien von Wissen und Wissenschaft bei der Erforschung von ›Kultur‹ und ›Kulturen‹, die Überschneidungen von Kategorien wie *class*, *race*, *gender* und die Bedeutungen dieser Wechselwirkungen sind einige der Felder, an denen die Wichtigkeit der Kategorie ›Rasse‹ deutlich wird.

6.2 Multikulturalismus und Antirassismus

Die Sensibilisierung der britischen Cultural Studies für ›Rasse‹ und Ethnizität steht wiederum in Zusammenhang mit der Entwicklung unterschiedlicher politischer und sozialer Aktivitäten im Großbritannien der achtziger Jahre, die sich gegen die institutionelle und kulturelle Marginalisierung der britischen schwarzen Minderheit formierten. Diese Bewegungen, die üblicherweise mit den Begriffen des »Multikulturalismus« und des »Antirassismus« zusammengefaßt werden, entstanden in Opposition zu den restriktiven *race politics* der konservativen Regierung Margaret Thatchers und entwickelten sich besonders in den Bereichen Bildung und Sozialarbeit. Beide Begriffe bezeichnen Konzepte und Phänomene, die auf verschiedenen ideologischen, politischen und rechtlichen Ebenen operieren.

Das Konzept des Multikulturalismus geht von der liberalen Idee einer harmonischen Koexistenz verschiedener ethnisch oder kulturell definierter Gruppen in einer pluralistischen Gesellschaft aus (Cashmore ^{4}1996, 244f). Auf der politisch-rechtlichen Ebene bedeutet das, Regelungen für die Beziehungen zwischen Staat und Minderheiten bzw. zwischen verschiedenen minoritären Gruppen auf der Basis von Gleichheit und wechselseitiger Toleranz zu finden, auf der sozialen Ebene soll die Akzeptanz von unterschiedlichen Sprachen, religiösen und kulturellen Praktiken gewährleistet werden. Dabei war gerade im Erziehungs- und Bildungsbereich häufig die Betonung der Verschiedenheit von ›Kulturen‹ bzw. ihrer unterschiedlichen Manifestationen und der Möglichkeiten positiver Beziehungen zwischen ihnen dadurch motiviert, Einstellungen zu verändern, Vorurteile abzubauen und gleichzeitig Bestrebungen entgegenzuwirken, die auf Assimilation und monokulturelle Erziehung abzielten (Rattansi 1997, 24f).

An dieser Konzeption wurde nicht nur seitens einer konservativen Politik Kritik geübt, die dadurch die ›Einheit der Nation‹ in Gefahr sah, sondern ebenso seitens der antirassistischen Bewegung selbst. Sie warf den VertreterInnen des Multikulturalismus vor, durch die Konzentration auf ›folkloristische‹ Elemente in der Definition von Kultur und das Zelebrieren von Vielfalt und Verschiedenheit zum Abbau von Vorurteilen die Bedeutung des institutionellen Rassismus zu unterschätzen, der in allen gesellschaftlichen Strukturen verankert sei und sich in unzähligen diskriminatorischen Praktiken äußere. Anstelle der Aufklärungsarbeit über ›andere Kulturen‹ seien Strategien notwendig, die sich direkter auf die Aufdeckung rassistischer Praktiken und ihre Bekämpfung richteten.

Im aktuellen wissenschaftlichen und politischen Diskurs der *Cultural Studies* und anderer Theoriefelder werden multikulturalistische, aber ebenso antirassistische Bewegungen immer häufiger mit differenzierten Kritiken konfrontiert, die vor allem ihre Basiskonzepte betreffen: Bereits der multikulturalistische Begriff von ›anderen Kulturen‹ und die damit verbundenen Vorstellungen laufen Gefahr eines folkloristischen Exotismus, der in der inhaltlichen Konzentration auf kulturelle Artikulationen wie Kleidung, Essen, Musik, Feste und religiöse Praktiken und im Feiern derartig definierter kultureller Vielfalt zum Ausdruck kommt. Dabei werden Differenzen allerdings immer ausgehend von der ›Norm‹ – nämlich der ›eigenen‹, nationalen Kultur als kulturellem Referenzpunkt definiert. Das Zentrum einer Autorität, die vor allem durch die Definitionsmacht gekennzeichnet ist, wer oder was als das ›Eigene‹ und das ›Fremde‹ bestimmt wird, wird dabei nie in Frage gestellt. Damit blendet ein solcher Kulturbegriff die Machtrelationen und Hierarchien aus, die im sozialen Zusammenleben wirksam werden. Das Prinzip der ›Toleranz‹ ist nicht umkehrbar, sondern impliziert ein asymmetrisches Gefälle von oben nach unten: Minderheiten haben keine Möglichkeit, die dominierende nationale Kultur zu tolerieren, nur umgekehrt. Damit bleiben multikulturalistische Ideen *de facto* in der Logik der Assimilation verhaftet (Donald/Rattansi 1997, 2).

Weiters sind es die neuen Formen und Artikulationen von Rassismus, die in den vergangenen Jahren zunehmend sichtbar werden und sich um die Begriffe ›Kultur‹ und ›Identität‹ sowie ›Nation‹ formieren (Bielefeld 1991, Singer 1997), die die antirassistische Bewegungen mit der Frage konfrontieren, worin ihre politische Ohnmacht begründet ist, auf diese Entwicklungen adäquat zu reagieren (Gilroy 1997). Der traditionelle, explizite Rassismus baut auf sichtbaren Differenzen auf, die sich in phänotypischen, d.h. äußeren Merkmalen äußerten. Derartige biologische Unterschiede werden durch Klassifikationssysteme und Wahrnehmungseinübungen erkennbar gemacht und dienen als Kriterien, durch die Hierarchien begründet werden und ›rassische‹ Überlegenheit legi-

timiert wird (Singer 1997, 54-59). Demgegenüber argumentieren neue Formen des Rassismus ›kulturalistisch‹ und behaupten, daß verschiedenartige kulturelle Traditionen inkompatibel seien und daher von einander getrennt bleiben müßten. Verschiedene kulturelle Gemeinschaften hätten verschiedene Wertesysteme und unterschiedliche Lebensformen, die sie in dieser Form beibehalten und verteidigen wollten. So begründeten beispielweise Eltern, die ihre Kinder im Jahr 1987 aus einer Schule in Yorkshire nahmen, da der Großteil der Schüler südasiatischer Herkunft war, ihre Entscheidung mit dem Argument der ›Kultur‹: »*It's not a question of race, it's a question of culture*« (zit. in Donald/Rattansi 1997, 3).
Hier treten die Wirkungsweisen der »diskursiven Kategorie Rasse« zutage, und gleichzeitig wird deutlich, wie sie unterschätzt wird. Ihr fiktionaler oder metaphorischer Status vermindert in keiner Weise ihre symbolische und soziale Effektivität. ›Rasse‹, ob biologistisch oder kulturalistisch definiert, produziert immer vereinfachende Interpretationen von komplexen sozialen, ökonomischen und kulturellen Beziehungen. Dieser Reduktionismus wird aber ebenso Antirassisten vorgeworfen, wenn zur Bekämpfung von Diskriminierungen eine soziale Gruppe ausschließlich unter dem Aspekt der Ausgrenzung aufgrund der ›Rasse‹ oder ›Ethnizität‹ ihrer Mitglieder gesehen wird und alle Differenzen innerhalb der Gruppe ausgeblendet werden, oder wie es Stuart Hall exemplarisch formuliert: An die Stelle des »alten bösen weißen Subjekts« wird das »neue gute schwarze Subjekt« gesetzt (Hall 1997b, 254). Dies wiederum bedeutet sowohl eine Verabsolutierung ethnischer Kategorien als auch ein essentialistisches Verständnis von unüberwindbaren Unterschieden zwischen ihnen (Gilroy 1997, 50).

6.3 Imagined Communities

Um Auswege aus diesem Dilemma zu finden, formuliert etwa Paul Gilroy die Notwendigkeit eines grundlegend veränderten wissenschaftlichen und politischen Diskurses über ›Rasse‹, Identitäten,

Differenz und die Möglichkeiten von Zugehörigkeit. Historisch gesehen müsse verstärkt die Frage gestellt werden, wie sich imperiale, koloniale Traditionen auf die Formation von Identitäten ausgewirkt haben. Zukunftsorientiert müsse es ein zentrales Anliegen sein, traditionelle Begriffe und unverrückbare, starre Konzepte von ›Rasse‹ aufzugeben, und mit ihnen die starke Betonung und Aufladung des Differenzbegriffs, um Rassismus anachronistisch werden zu lassen (Gilroy 1998).

Ähnlich argumentieren James Donald und Ali Rattansi in der Einleitung zu der von ihnen herausgegebenen Publikation *Race, Culture & Difference*, wenn sie die Bedeutung einer Veränderung der Fragestellungen hervorheben: Es gehe weniger darum, ob die Kategorie ›Rasse‹ existiert, sondern wie sie in der Praxis operiert. Eine Analyse der Konzepte und Dynamiken von ›Rasse‹ und Rassismen setzt eine differenzierte Auseinandersetzung mit den sich ständig verändernden Verbindungen von Repräsentation, Diskurs und Macht ebenso wie eine kritische Revision des Konzepts ›Kultur‹ voraus (Donald/Rattansi 1997). Ausgangspunkt der Untersuchungen müßten daher immer konkrete politische und kulturelle Autoritäten und individuelle Handlungsmöglichkeiten in aktuellen politischen Situationen sein. Zu fragen ist, wie diese im Zusammenhang mit rechtlichen und symbolischen Repräsentationen, mit Grenzziehungen und Identifikationsprozessen wirksam werden, die den Begriffen von ›Rasse‹, Rassismus und Antirassismus ihre Bedeutung geben.

›Kultur‹ kann daher nicht mehr als Ausdruck einer festen, stabilen Identität einer ethnischen oder nationalen Gemeinschaft verstanden werden, sondern bezieht sich auf Prozesse, Kategorien und Wissensformationen, durch die Gemeinschaften als solche – spezifisch und in Differenz zu anderen – definiert werden. Auch nationale Identitäten sind auf diese Weise ›gemachte‹, ›konstruierte‹, »*imagined communities*« im Sinn von Benedict Anderson (1983/1988). Die Konstruktion von Nationen als solche »imaginierte Gemeinschaften« arbeitet mit Vorstellungen und Mythen, die sich auf einen gemeinsamen Ursprung, ungebrochene und kontinu-

ierliche historische Traditionen und universale, ewig gültige Werte berufen, und mit ihnen die gegenwärtige Situation und politische Handlungsweisen begründen und legitimieren.
Gegenwärtige Kulturkonzeptionen distanzieren sich demgegenüber von Gemeinschafts-Konzeptionen (*community*), die eine normativ festgelegte Identität beanspruchen – ob auf der Basis von ›Nation‹, Religion, Ethnizität oder etwa auch einer gemeinsamen *black experience* – und durch sie begründet kulturelle Autorität fordern. Nation, ›Rasse‹ und Ethnizität werden ebenso wie ›Identität‹ als soziale und politische Kategorien aufgefaßt. Daraus folgt, daß auch ›Rassismus‹ bzw. ›Antirassismus‹ als singuläre, geschlossene Konzepte in Frage gestellt werden und statt dessen von historisch, geographisch und sozial unterschiedlichen ›Rassismen‹ gesprochen wird, die unter verschiedenen institutionellen und ökonomischen Bedingungen wirksam werden. Erst auf der Basis derartig veränderter Begriffe können wiederum Gegenstrategien entwickelt werden, die fähig sind, auf politisch spezifische Diskriminierungen adäquat zu reagieren.

6.4 New Ethnicities: Fragmentierung, Hybridität, Diaspora

Die Sensibilisierung für Differenzen und die gleichzeitig wachsende Skepsis gegenüber binären Oppositionen hat in verschiedenen Feldern der *Cultural Studies* zur Entwicklung neuer Konzepte und Modelle zur Beschreibung komplexer sozialer Realitäten geführt. Stuart Halls Konzept der »neuen Ethnizitäten« geht von brüchigen, unsicheren und sich ständig verändernden Identitäten in verschiedenen kulturellen Formationen aus. Die Betonung liegt auf der Geschichtlichkeit und Positioniertheit von Diskursen, innerhalb derer sich Zugehörigkeiten formieren (Hall 1997b). Der Begriff der Fragmentierung betont die Vielfalt von Identitäten und der Subjektpositionen innerhalb jeder Identität, sei sie individuell oder bezogen auf die sozialen Kategorien, in denen Individuen verortet sind, oder einer Kombination aus beidem. Derartige Identitäten können daher widersprüchlich sein und sind in spezifischen Kontexten situiert.

Die grundlegende Frage nach identitären und rechtlichen Zugehörigkeiten in einer postkolonialen und postmodernen Welt der Grenzüberschreitungen und kulturellen Übersetzungen stellt sich besonders anhand der ambivalenten Position von MigrantInnen. Das Bild des »dritten Raumes«, das Homi Bhabha geprägt hat (Bhabha 1994; 1998 und Höller 1998b), thematisiert dieses Leben in Übergängen: Für MigrantInnen ist der Begriff der ›Heimat‹ (*home*) nicht mehr stabil und singulär. Vielmehr geht es darum, sich selbst ständig und erneut in den Wechseln zwischen zuhause (*home*) und anderswo (*abroad*) zu verorten.

Der liberale Minderheitendiskurs suggeriert die offene Wahlmöglichkeit zwischen verschiedenen Kulturen oder Lebensformen. Ein derartiger Akt der Wahl hat wesentlichen Einfluß auf das Selbstbild, auf die Konstruktion von Identität, indem er für das Individuum (das nach Althusser in und durch Kultur zum Subjekt wird, vgl. oben S. 61f.) bedeutet, ein sozial handelndes Wesen zu sein. Dabei stellt sich allerdings die Frage, welche äußeren Faktoren diese Wahlmöglichkeiten bestimmen, wodurch und von wem etwa definiert wird, was einen ›guten‹ Immigranten ausmacht: Assimilation oder Bewahrung, kulturelle Investitionen in die neue Lebenssituation oder aber in Vorstellungen von Herkunft und Tradition. Besonders deutlich werden die realen Probleme und kulturellen Chancen am Beispiel von Jugendlichen der zweiten Generation und ihres Lebens in beständigen kulturellen Verhandlungen und Übersetzungen. Politisch zentral bleibt dabei allerdings die Frage, wer man innerhalb dieser Vieldeutigkeit sein müsse, um rechtliche und politische Anerkennung und kulturelle Repräsentation beanspruchen zu können. Wer ist bzw. was bedeutet es, »einer von uns« zu sein? (Bhabha, 1998; vgl. Horak 1998b, 135-138).

Voraussetzung für die Anerkennung dieses Raumes der Übersetzung ist, daß nicht von festen Identitäten oder von geschlossenen

Kulturen ausgegangen wird, die vor der Begegnung mit dem jeweils Neuen bereits ›fertig‹ und abgeschlossen sind. Kulturelle Übersetzungen können ein produktives Moment innerhalb der Veränderungen variabler Kombinationen von Altem und Neuem sein und zur Akzeptanz der Vorstellung von grundsätzlich hybriden Identitäten beitragen. Ein solches Bewußtsein für Heterogenität wird auch im Konzept der Diaspora artikuliert. Der Begriff wurde ursprünglich ausschließlich auf die jüdischen Erfahrungen bezogen und in der Folge zur Definition von transnationalen Netzwerken von Menschen verwendet, die unfreiwillig zum Verlassen ihrer Heimat gezwungen wurden, besonders häufig äquivalent mit der afrikanischen Diaspora. Als kulturkritisches Konzept werden mit dem Diaspora-Begriff Identitätskonzeptionen, die auf einem ›natürlichen‹, mit einem Territorium verbundenen Nationsbegriff aufbauen, in Frage gestellt und damit neue politisch-kulturelle Möglichkeiten eröffnet, indem Identitäten statt dessen in Strukturen von Zugehörigkeiten (*affiliations and belongings*) definiert werden (Clifford 1994, 308; Hall 1990; Gilroy 1993, 1997).

7. Ausblick: Zwischen Universalismus und Partikularismus?

Cultural Studies teilen mit der feministischen und postkolonialistischen Forschung ihren politischen Anspruch, Erkenntnis und Wissensproduktion für das Sichtbarmachen von Machtbeziehungen und die Veränderung von Herrschaftsverhältnissen nutzbar zu machen. Gemeinsam mit den verschiedenen theoretischen Post-Bewegungen – vor allem der poststrukturalistischen Wissenschaftstheorie und Kulturkritik – ist ihnen allerdings eine wachsende Unsicherheit sowohl hinsichtlich der Bedeutung wissenschaftlicher Arbeit selbst als auch ihrer politischen Relevanz. Die Entzauberung des wissenschaftlichen Objektivitätsparadigmas, die auch vor den Naturwissenschaften nicht haltmacht, die Aufgabe der Vorstellung eines einheitlichen ›vernünftigen‹ Subjekts führte zur Erkenntnis, daß jede Wahrnehmung, jede Erfahrung und jede Wissensproduktion immer kontextgebunden ist, immer in einem komplexen Netz von Bedingungen entsteht und keine objektiven Realitäten abbildet. Diese wissenschaftskritischen Entwicklungen brachten zwar einerseits eine Sensibilisierung für die Grenzen wissenschaftlicher Erkenntnis und die Aufgabe von Universalismusansprüchen mit sich, andrerseits stellt sich damit die Frage, wie auf dieser Grundlage irgendeine Form politischen Handelns möglich sein soll, das nicht einem relativistischen Partikularismus anheim fällt.

David Morley formuliert diese Problematik am Beispiel ethnographischer Forschungspraxis und dem Verhältnis zwischen Forschendem und Forschungsobjekt für die gegenwärtige *Cultural Studies*-Praxis folgendermaßen: Das Ernstnehmen der Machtbeziehungen zwischen Wissens-Subjekt und -Objekt führte leider auch dazu, daß es kaum mehr möglich ist, irgendeine Aussage über einen beliebigen Gegenstand zu machen, ohne sich mit dem Vorwurf des »ontologischen Imperialismus« konfrontiert zu sehen. Eine derartige Entwicklung erzeuge politische Handlungsunfähigkeit. Es ist schwierig, sich um eine »politische Plattform der grundsätzlichen Unsicherheit« zu organisieren, besonders, wenn eines der Prinzipien lautet, daß es letztlich unmöglich ist, eine Antwort auf die Frage »*What's going on*?« zu finden (Morley 1997, 122).

Die vielfachen Vorwürfe, die gegenüber dem Textualismus der *Cultural* und *Media Studies* geäußert werden (s. o. S.44f.), treffen sich hier mit den angesprochenen epistemologischen Problemen: Die Betonung des Textcharakters von Phänomenen, wie sie für viele Bereiche der ethnologischen wie der *Cultural Studies*-Praxis typisch ist, kann eine Blindheit für die nicht textuellen Aspekte dieser Phänomene verursachen. Es ist mit Morley nicht nur wichtig zu fragen: Wer spricht/schreibt? Mit wem? Wo? Wann? Unter welchen Bedingungen? (Clifford/Marcus 1986), sondern ebenso, was diese Ethnographien über die Welt außerhalb des Textes sagen. Das Hauptproblem bestünde in der »Vermischung von epistemologischen und ontologischen Fragen«: Die Tatsache, daß wir Dinge nur innerhalb und durch diskursive Strukturen vermittelt wahrnehmen und wir uns daher den ›wirklichen‹ Dingen immer nur annähern können, heißt nicht, daß sie nicht existieren (Morley 1997, 135).

Ähnliches gilt für die Grenzen des Verstehens aufgrund fundamental unterschiedlicher Erfahrungen, wie sie besonders die Kritik am gemeinsamen ›Wir‹-Begriff der Frauenbewegung und feministischen Wissenschaft durch schwarze Wissenschafterinnen aufgezeigt hat. Schwarze Frauen bzw. *women of colour* haben sich gegen eine weiße feministische Politik gewandt, die ihre Probleme ignoriere bzw. in einer Art und Weise repräsentiere, die der *black experience* nicht gerecht werde, indem sie Kategorien wie Familie, Reproduktion oder ›Patriarchat‹ definiere und verallgemeinere, in denen sich die Unterdrückung von Frauen grundsätzlich beschreiben ließe. Diese Kategorien der Unterdrückung seien die Hauptthemen, um die der weiße feministische Diskurs organisiert sei (Knowles/Mercer 1997, 105f). Sie würden allerdings für schwarze Frauen nicht notwendigerweise in dieser Form gelten. So blieben beispielsweise nach wie vor Fragen wie Migration,

Deportation oder soziale Sicherheit seitens weißer Feministinnen unterbelichtet. Andrerseits ist zum Beispiel die Familie für schwarze Frauen oft ein Ort des Widerstands gegen rassistische Unterdrückung. Patricia Hill Collins stellt etwa die mittlerweile ›klassische‹ feministische Forderung nach Anerkennung der Tatsache, daß das »Persönliche politisch ist«, zur Diskussion, indem sie fragt, was es für schwarze Frauen im Unterschied zu weißen Frauen bedeutet, politisch zu sein: Während weiße mittelständische Feministinnen ihre persönlichen Erfahrungen der Unterdrückung durch Männer politisieren, steht bei den schwarzen Frauen im Rahmen des politischen Kämpfens für Gerechtigkeit und sozialen Fortschritt häufig der Einsatz für die Gemeinschaft und die Familie im Vordergrund. Die afrikanische Diaspora verstärke die ethnische Solidarität, feministisches Engagement werde weniger explizit als solches bezeichnet, sondern innerhalb von schwarzen Organisationen gegen Rassismus und ökonomische Ausbeutung artikuliert (Hill Collins 1996).

Schwarze Wissenschafterinnen sprechen sich daher für die Aufgabe eines singulären Familienmodells aus, wie es im Mittelpunkt der kritischen Aufmerksamkeit feministischer Wissenschaft stand. Ein alternatives Modell müsse allerdings ebenso über eine einfache Trennung ›weiße Familie‹ vs. ›schwarze Familie‹ hinausgehen: Beide haben keine spezifische Form, sondern sind politische Konstrukte. Ähnliches gilt für den Patriarchatsbegriff des weißen Feminismus. An ihm wird vor allem die grundsätzliche Privilegierung der Kategorie ›Geschlecht‹ als stabiler Faktor innerhalb von sozialen Hierarchien gegenüber allen anderen identitären Achsen kritisiert. Demgegenüber betonen etwa Caroline Knowles und Sharmila Mercer, daß Prioritäten immer nur anhand spezifischer Forderungen in konkreten politischen Situationen formuliert werden können (Knowles/Mercer 1996, 109). Sie heben außerdem hervor, daß es keine generalisierbare Beziehung zwischen den Kategorien ›Rasse‹ und ›Geschlecht‹ gebe, die einander zwar überschneiden, aber in komplexen und oft widersprüchlichen Weisen: Neben den zahlreichen Formen von »*Multiple Jeopardy*«, der

Gleichzeitigkeit und gegenseitigen Verstärkung von Unterdrückungsformen, äußerten sich Widersprüche etwa auch darin, daß Feminismus sehr wohl rassistische Züge haben könne, ebenso wie antirassistische Bewegungen immer wieder sexistisch agieren würden.

Vor allem aber geht es darum, Identitätspolitik neu zu definieren: Nira Yuval-Davis plädiert etwa für eine »transversale Politik«, die auf Dialog basiert und die verschiedenen, kontextuell spezifischen Positionen der einzelnen Frauen anerkennt. Eine solche Politik versteht sie als Alternative zu universalistischen Entwürfen, die Differenzen innerhalb der Kategorie ›Frau‹ ausblenden, und einer essentialistischen Identitätspolitik, die Unterschiede verabsolutiert und damit ihrerseits Ausgrenzungen vornimmt. Notwendig seien hingegen Koalitionen, die über die Kategorien Ethnizität, Klasse, Religion und Geschlecht hinausgehen (Yuval-Davis 1992). Für eine Politik, die sich an konkreten Interessen orientiert und die Veränderung spezifischer Machtverhältnisse anstrebt, sind Fragen von Zugehörigkeit und Allianzen wichtiger als die Qualifikation einer ›Mitgliedschaft‹, die eine feste Identitätskategorie erfordert. Interessen und Positionen haben in einem derartigen Verständnis weniger den Charakter von dauerhaften Attributen, sondern sie kennzeichnen temporäre Verbindungen zwischen Individuen und politischen Forderungen (Knowles/Mercer 1996, 122).

Eine derartige Politik, die Differenzen nicht als inkommensurable Unterschiede (Ang 1995) wahrnimmt, d. h. als die grundsätzliche Unmöglichkeit des Verstehens und der Vermittlung zwischen verschiedenen Erfahrungen und aus ihnen resultierenden Standpunkten (vgl. Singer 1998), eröffnet umfassendere Handlungsspielräume. Ähnlich argumentiert Iris M. Young: Durch das Etikett »Identitätspolitik« würden Forderungen nach sozialer und politischer Gerechtigkeit häufig auf die Anerkennung von Gruppenidentitäten reduziert (Young 1998). Der wesentliche Unterschied ihres Konzepts von Identitätspolitik bestehe in der Beziehung zwischen Individuum und Gruppe: Während die Erfahrung von Differenz gegenüber anderen Gruppen Gemeinsamkeit innerhalb der Gruppe erzeuge, werden individuelle Identitäten nicht durch die soziale Zugehörigkeit zu einer Gruppe definiert, sondern Individuen sind innerhalb komplexer sozialer Strukturen positioniert. Diese Strukturen bedingen zwar die Handlungsmöglichkeiten von Individuen, nicht aber, wie sie sie in einem konkreten Kontext nutzen. Oder, wie es Mona Singer formuliert: »Situiert-Sein – wie auch immer widersprüchlich – und Sich-Positionieren stehen in keinem zwangsläufigen Ursache-Wirkungs-Verhältnis … Sich-Positionieren, Sich Engagieren [bleibt] ein individueller Akt«, wenn auch im Rahmen von historisch und sozial kontextuellen Bedingungen (Singer 1998).

Diese radikale Kontextualität, die zu den wichtigsten Eigenschaften der *Cultural Studies* gehört, läßt sich geichzeitig als möglicher Beitrag einer derartigen intellektuellen Praxis zu einer demokratischen Kultur lesen, wenn die Frage lautet: Wie kann ein demokratisches Zusammenleben aussehen?, ohne daß die Antwort die Idee einer *common culture*, eines gemeinsamen Kerns, einer gemeinsamen Identität beinhalten muß.

8. Bibliographie

Althusser, Louis (1969 [1965]): For Marx. – Harmondsworth. (dt. Für Marx. Frankfurt/Main 1968).

Althusser, Louis und E. Balibar (1970 [1968]): Reading Capital. – London. (dt. Reinbek bei Hamburg 1972).

Amesberger, Helga und Brigitte Halbmayr (1999): »Multiple Jeopardy « und die Bedeutung von Differenz in den Analysen afrikanisch-amerikanischer Wissenschafterinnen. – In: Christina Lutter und Elisabeth Menasse-Wiesbauer: Frauenforschung, feministische Forschung, Gender Studies. – Wien. (= Materialien zur Förderung von Frauen in der Wissenschaft 8, BMWV).

Anderson, Benedict (1983): Imagined Communities: Reflections on the Origins and Spread of Nationalism. – London. (dt. Die Erschaffung der Nation. Zur Karriere eines erfolgreichen Konzepts. Frankfurt/Main 1988).

Anderson, Christopher (1991): Hollywood in the Home: TV and the End of the Studio System. – In: Modernity and Mass Culture. Hg. v. James Naremore und Patrick Brantlinger. – Bloomington & Indianapolis. S. 80-102.

Anderson, Patricia (1991): The printed image and the transformation of popular culture 1790–1860. – Oxford [u.a.].

Ang, Ien (1985): Watching Dallas. – London.

Ang, Ien (1995): I´m a Feminist, but… »Other« Women and Postnational Feminism. – In: Transitions: New Australian Feminisms. Hg. v. Barbara Caine und Rosemary Pringle. – New York. S. 57-73.

Angerer, Marie-Luise (1994) und Johanna Dorer (Hg.) (1994): Gender und Medien. Theoretische Ansätze, empirische Befunde und Praxis der Massenkommunikation. Ein Textbuch zur Einführung. Wien. (= Studienbücher zur Kommunikationswissenschaft 9).

Angerer, Marie-Luise (1995a): Medienkörper. Zur Produktion, Repräsentation und Rezeption von Geschlechtsidentitäten in den Medien. Salzburg. (= Habil. Schr.).

Angerer, Marie-Luise (1995b): The Body of Gender. Körper, Geschlecht, Identitäten. Wien. (= Passagen Philosophie).

Arnold, Matthew (1960 [1869]): Culture and Anarchy. Hg. v. John Dover Wilson. – Cambridge.

Ashcroft, Bill; Gareth Griffiths und Helen Tiffin (Hg.) (1995): The Post-Colonial Studies Reader. – New York; London.

Bachtin, Michael (1990 [1929]): Literatur und Karneval. Zur Romantheorie und Lachkultur. – Frankfurt/Main.

Baldauf, Anette und Katharina Weingartner (Hg.) (1998): Lips. Tits. Hits. Power? Popkultur und Feminismus. – Wien; Bozen.
Balibar, Étienne und Immanuel Wallerstein (Hg.) (1990): Rasse, Klasse, Nation: Ambivalente Identitäten. – Hamburg; Berlin.
Barnett, Steven (1990): Games and sets: The changing face of sport on television. – London.
Barthes, Roland (1973): Mythologies. – London.
Barthes, Roland (1975): S/Z. – London.
Baumann, Zygmunt (1995): Moderne und Ambivalenz. Das Ende der Eindeutigkeit. – Frankfurt/Main.
Bechdolf, Ute (Hg.) (1993): Watching Europe. A media and cultural studies reader; papers from two ERASMUS intensive programmes: »Popular culture in a transnational context« in Middlesex, Great Britain, April 7 to April 12, 1992; »Who is Europe? Whose Europe? The construction of transnational identities in everyday life« in Tübingen, Germany, April 13 to April 17, 1993. – Tübingen. (= Studien & Materialien des Ludwig-Uhland-Instituts der Universität Tübingen 12).
Belsey, Catherine (1980): Critical Practice. – London; New York. (= New Accents).
Benhabib, Seyla u. a. (Hg.) (1993): Der Streit um Differenz. Feminismus und Postmoderne in der Gegenwart. – Frankfurt/Main.
Bennett, David (Hg.) (1998): Multicultural States. Rethinking difference and Identity. – London; New York.
Bennett, Tony (1992): Putting Policy into Cultural Studies. – In: Cultural Studies. Hg. v. Lawrence Grossberg, Cary Nelson und Paula Treichler. – New York; London. S. 23-37.
Bennett, Tony (Hg.) (1990): Popular Fiction. Technology, ideology, production, reading. – London; New York.
Bennett, Tony (1990): Outside Literature. – London; New York.
Bennett, Tony und Janet Woollacott (1990): Figures of Bond. – In: Bennett – London; New York (1990). S. 425-443.
Bennett, Tony (1998): Culture. A reformers science. – London; Thousand Oaks; New Delhi.
Berger, Arthur A. (1992): Popular Culture Genres. Theories and Texts. – Newbury Park CA. (= Foundations of popular culture 2).
Bernold, Monika und Andrea Ellmeier (1997): Adressing the Public'. Television, Consumption and the Family in Austria in the 1950s and 1960s, in: Mica Nava, Andrew Blake, Iain MacRury, Barry Richards (eds.), Buy this Book. Studies in Advertising and Consumption.– London; New York.
Bhabha, Homi (1994): The Location of Culture. – London.
Bhabha, Homi (1996): Culture's In-Between. – In: Hall/DuGay (1996a). S. 53-60.
Bhabha, Homi (1998): Choosing Culture: With All Due Respect. Vortrag

bei The Stuart Hall Conference, The Open University, Faculty of Social Sciences and Pavis Centre for Sociological and Social Anthropological Research (Milton Keynes), 14.-15. Mai 1998. – Milton Keynes. (= unpubl. Manuskript).

Bielefeld, Uli (Hg.) (1991): Das Eigene und das Fremde. Neuer Rassismus in der alten Welt? – Hamburg.

Bloom, Allan (1987): The Closing of the American Mind: How Higher Education Failed Democracy and Impoverished the Souls of Today's Students. – New York.

Blundell, Valda; John Shepherd und Ian Taylor (Hg.) (1993): Relocating Cultural Studies. Developments in Theory and Research. – London; New York.

Bourdieu, Pierre (1984): Distinction: a social critique of the Judgement of Taste. – Cambridge MA. (dt. Die feinen Unterschiede. Frankfurt 1982)

Bronfen, Elisabeth; Benjamin Marius und Therese Steffen (Hg.) (1998): Hybride Kulturen. – Tübingen.

Brooks, Ann (1997): Postfeminisms: Feminism, Cultural Theory and Cultural Forms. – New York.

Bromley, Roger, Udo Göttlich und Carsten Winter (Hg.) (1999), Cultural Studies. Grundlagentexte zur Einführung. – Lüneburg.

Brunsdon, Charlotte (1991): Pedagogies of the feminine: feminist teaching and women's genres. – In: Screen 32 (4) S. 364-381.

Bryson, Norman (1983): Vision and Painting. The Logic of the Gaze. – Basingstoke; London.

Bryson, Norman; Michael Ann Holly und Keith Moxey (Hg.) (1991): Visual Theory. Painting and Interpretation. – Cambridge.

Bundesministerium für Frauenangelegenheiten (Hg.) (1995): Weltfrauenkonferenz ´95. Wien – Peking – Wien. Österreichisches Nationalkomitee. Eine Dokumentation. – Wien.

Burke, Peter (1985 [1978]): Helden, Schurken und Narren. Europäische Volkskultur in der Frühen Neuzeit. – München.

Burke, Peter (1991): Reflections on the Origins of Cultural History. – In: Interpretation and Cultural History. Hg. v. Joan H. Pittock und Andrew Wear. – London. S. 5-24.

Buscombe, Edward (Hg.) (1975): Football on television. – London.

Bußmann, Hadumod und Renate Hof (Hg.) (1995): Genus. Zur Geschlechterdifferenz in den Kulturwissenschaften. – Stuttgart.

Butler, Judith (1990): Gender Trouble. Feminism and Subversion of Identity. – London. (dt. Das Unbehagen der Geschlechter. Frankfurt/Main 1991).

Butler, Judith (1993): Bodies That Matter: The Discursive Limits of »Sex«. – London. (dt. Körper von Gewicht. Berlin 1995).

Carey, James (1997): Reflections on the Project of (American) Cultural Studies. – In: Cultural Studies in Question. Hg. v. Marjorie Ferguson

und Peter Golding. – London; Thousand Oaks CA; New Delhi. S. 1-24.
Carey, John (1992): The Intellectuals and the Masses: Pride and Prejudice among the Literary Intelligentsia, 1880-1939. – London.
Carroll, David (Hg.) (1990): The States of ›Theory‹. History, Art, and Critical Discourse. – Stanford.
Cartmell, Deborah u. a. (Hg.) (1996): Pulping Fictions. Consuming Culture Across the Literature/Media Divide. – London; Chicago ILL. (= Film/Fiction 1).
Cashmore, Ellis (Hg.) (1996): Dictionary of Race and Ethnic Relations. 4. Aufl. – London; New York.
Caspary, Constantin Peter (1997): Pop-Musik in den Neunzigern – Diskussionsstand im deutschsprachigen Raum. – Wien. (= unpubl. Manuskript). Centre for Contemporary Cultural Studies (1982): The empire strikes back: Race and racism in 70s Britain. – London.
de Certeau, Michel (1984): The Practice of Everyday Life. – Berkeley.
Chabram-Dernersesian, Angie (1992): I Throw Punches for My Race, but I Don´t Want to Be a Man: Writing Us – Chica-nos (Girls, Us)/Chicanas – into the Movement Script. – In: Cultural Studies. Hg. v. Lawrence Grossberg, Cary Nelson und Paula Treichler. – New York; London. S. 81.95.
Chambers, Iain (1986): Popular Culture. The metropolitan Experience. – London; New York. (= Studies in Communication).
Chaney, David (1994): The Cultural Turn. Scene-setting Essays on Contemporary Cultural History. – London; New York.
Clifford, James (1994): »Diasporas«. – In: Cultural Anthropology 9. S. 302-338.
Clifford, James (1992): Traveling Cultures. – In: Cultural Studies. Hg. v. Lawrence Grossberg, Cary Nelson und Paula Treichler. – New York; London. S. 96-116.
Clifford, James und George E. Marcus (Hg.) (1986): Writing Culture: The Poetics and Politics of Ethnography. – Berkeley.
Cohen, Phil (1980 [1972]): Sub-Cultural Conflict and Working-class Community. – In: Culture, Media, Language. Hg. v. Stuart Hall u. a. – London.
Collins, Jim (1989): Uncommon Cultures. Popular Culture and Post-Modernism. – London; New York.
Connor, Steven (1992): Theory and Cultural Value. – Oxford; Cambridge MA.
The Contemporary Study of Culture (1999): Hg. v. Bundesministerium für Wissenschaft und Verkehr und Internationales Forschungszentrum Kulturwissenschaften. (= kultur. wissenschaft 1)
Corner, John und Sylvia Harvey (Hg.) (1991): Enterprise and Heritage. Crosscurrents of national culture. – London; New York.
Coward, Rosalind und John Ellis (1977): Language and Materialism.

Developments in Semiology and the Theory of the Subject. – Boston; London; Henley.
Cultural Studies (1994): Eine Intervention. – Wien. (= IKUS-Lectures 17/18).
Curran, James; David Morley und Valerie Walkerdine (Hg.) (1996): Cultural Studies and Communications. – London; New York; Sydney; Auckland.
Davies, Ioan (1995): Cultural Studies and Beyond. Fragments of Empire. – London; New York.
Derrida, Jacques (1988 [1967]): Grammatologie. 2. Aufl. – Frankfurt/ Main.
Diederichsen, Diederich (Hg.) (1993): Yo! Hermeneutics! Schwarze Kulturkritik. Pop, Medien, Feminismus. – Berlin.
Docker, John (1995): Postmodernism and Popular Culture. A Cultural History. – Cambridge.
Donald, James (1998): This, Here, Now. The City of Modern Imagination. – Perth.
Donald, James und Ali Rattansi (Hg.) (1997): »Race«, Culture and Difference. 4. Aufl. – London.
Dorer, Johanna und Matthias Marschik (1993): Kommunikation und Macht: Public Relations – eine Annäherung. – Wien.
DuGay, Paul (Hg.) (1997): Production of Culture/Culture of Production. – London; Thousand Oaks; New Delhi.
During, Simon (Hg.) (1993): The Cultural Studies Reader. – London.
Easthope, Antony (1983): Poetry as Discourse. – London; New York. (= New Accents).
Easthope, Antony (1991): Literary into Cultural Studies. – London; New York.
Ellis, John (1998): Visible Fictions. Cinema : Television : Video. – London; New York.
The Empire Strikes Back (1982). Hg. v. Centre for Contemporary Cultural Studies. – London.
Engelmann, Peter (Hg.) (1990): Postmoderne und Dekonstruktion. Texte französischer Philosophen der Gegenwart. – Stuttgart.
Fanon, Frantz (1970): Black Skin, White Masks. – London.
Featherstone, Mike (Hg.) (1990): Global Culture. Nationalism, Globalization and Modernity. A Theory. Culture and Society Special Issue. – London; Newsbury Park; New Delhi.
Ferguson, Marjorie und Peter Golding (Hg.) (1997): Cultural Studies in Question. – London; Thousand Oaks CA; New Delhi.
Fiske, John (1989): Reading the Popular. – Boston; London; Sydney; Wellington. (dt. Lesarten des Populären. Wien 1999).
Fiske, John (1990): Introduction to Communication Studies. 2. Aufl. – London; New York.
Fiske, John (1991): Popular Discrimination. – In: Modernity and Mass

Culture. Hg. v. James Narenmore und Patrick Brantlinger. – Bloomington & Indianapolis. S. 103-116.
Foucault, Michel (1995 [1976]): Sexualität und Wahrheit 1: Der Wille zum Wissen. – 8. Aufl. Frankfurt/Main.
Foucault, Michel (1998 [1966]): Die Ordnung der Dinge. – 7. Aufl. Frankfurt/Main.
Fox Keller, Evelyn und Helen E. Longino (Hg.) (1996): Feminism and Science. – Oxford; New York.
Frith, Simon; Andrew Goodwin und Lawrence Grossberg (Hg.) (1993): Sound and Vision: the Music Video Reader. – Routledge.
Frith, Simon (1998): Defending Popular Culture from the Populists. – In: Cultural Theory and Popular Culture. A Reader. Hg. v. John Storey. 2. Aufl. – Hemel Hempstead. S. 570-586.
Frith, Simon (1998): Performing Rites. On the Value of Popular Music. 2. Aufl. – Cambridge MA.
Frow, John (1995): Cultural Studies and Cultural Value. – Oxford.
Frow, John und Meaghan Morris (Hg.) (1993): Australian Cultural Studies: A Reader. – Sydney.
Fuchs, Brigitte und Gabriele Habinger (Hg.) (1996): Rassismen & Feminismen. Differenzen, Machtverhältnisse und Solidarität zwischen Frauen. (Symposium Wien 29.-30.10.1994). – Wien.
Garnham, Nicholas (1997): Political Economy and the Practice of Cultural Studies. – In: Cultural Studies in Question. Hg. v. Marjorie Ferguson und Peter Golding. – London; Thousand Oaks CA; New Delhi. S. 56-73.
Geertz, Clifford (1987): Dichte Beschreibung. Beiträge zum Verstehen kultureller Systeme. – Frankfurt/Main.
Geertz, Clifford (1996): Welt in Stücken. Kultur und Politik am Ende des 20. Jahrhunderts. – Wien.
Gellner, Ernest (1991): Nationalismus und Moderne. – Berlin.
Gilroy, Paul (1987): There Ain´t No Black in the Union Jack. – London.
Gilroy, Paul (1992): Cultural Studies and Ethnic Absolutism. – In: Cultural Studies. Hg. v. Lawrence Grossberg, Cary Nelson und Paula Treichler. – New York; London. S. 187-198.
Gilroy, Paul (1993): The Black Atlantic: Modernity and Double Consciousness. – Cambridge MA.
Gilroy, Paul (1997): Diaspora and the Detours of Identity. – In: Identity and Difference. Hg. v. Kathryn Woodward. – London; Thousand Oaks; New Delhi. S. 299-343.
Gilroy, Paul (1997): The End of Antiracism. – In: »Race«, Culture and Difference. Hg. v. James Donald und Ali Rattansi. – London. S. 49-61.
Gilroy, Paul (1998): On the Necessity and Impossibility of Being a Black European. In: The Contemporary Study of Culture (1999): Hg. v. Bundesministerium für Wissenschaft und Verkehr und Internationales

Forschungszentrum Kulturwissenschaften. (= kultur. wissenschaft 1). S. 53-60.
Ginzburg, Carlo (1983 [1976]): Der Käse und die Würmer. Die Welt eines Müllers um 1600. – Frankfurt/Main.
Goldberg, David Theo (Hg.) (1994): Multiculturalism. A Critical Reader. – Oxford; Cambridge.
Goldlust, John (1987): Playing for Keeps: Sport, the media and society. – Melbourne.
Goodall, Peter (1995): High Culture, Popular Culture. The long debate. – St Leonards. (= Australian cultural studies).
Goodwin, Andrew (1993): Fatal distractions: MTV meets postmodern theory. – In: Sound and Vision: the Music Video Reader. Hg. v. Simon Frith, Andrew Goodwin und Lawrence Grossberg. – Routledge. S. 45-66.
Gracyk, Theodore (1996): Rhythm and Noise. An Aesthetics of Rock. – London; New York.
Gramsci, Antonio (1967): Philosophie der Praxis. Eine Auswahl. Hg. und übersetzt von Christian Riechers. – Frankfurt/Main.
Gramsci, Antonio (1971): Selections from the Prison Notebooks. – London.
Gramsci, Antonio (1991ff.): Gefängnishefte. Kritische Gesamtausgabe. Hg. vom ›Deutschen Gramsci-Projekt‹ unter der wissenschaftlichen Leitung von Klaus Bochmann und Wolfgang Fritz Haug. – Hamburg.
Grossberg, Lawrence (1992): We gotta get out of this place: popular conservatism and postmodern culture. – New York; London.
Grossberg, Lawrence; Cary Nelson und Paula Treichler (Hg.) (1992): Cultural Studies. – New York; London.
Grossberg, Lawrence (1994): Cultural Studies: Was besagt ein Name? – In: Cultural Studies. Eine Intervention. – Wien. (= IKUS-Lectures 17/18). S. 11-39.
Grossberg, Lawrence (1996): Identity and Cultural Studies – Is That All There Is? – In: Questions of Cultural Identity. Hg. v. Stuart Hall und Paul DuGay. – London; Thousand Oaks; New Delhi. S. 87-107.
Grossberg, Lawrence (1997a): Bringing It All Back Home. Essays on Cultural Studies. – Durham; London.
Grossberg, Lawrence (1997b): Dancing in Spite of Myself. Essays on Popular Culture. – Durham; London.
Grossberg, Lawrence (1998): Cultural Studies vs. Political Economy: Is Anybody Else Bored with this Debate? – In: Cultural Theory and Popular Culture. A Reader. Hg. v. John Storey. – Hemel Hempstead. S. 613-624.
Gruneau, Richard (1983): Class, sport and social development. – Amherst.
Guttmann, Allen (1978): From ritual to record: The nature of modern sports. – New York.
Guttmann, Allen (1986): Sports spectators. – New York.

Guttmann, Allen (1988): A whole new ball game. – Chapel Hill.
Guttmann, Allen (1991): Women's sports: A history. – New York.
Guttmann, Allen (1992): The Olympics: A history of the modern games. – Urbana.
Guttmann, Allen (1994): Games and empires: Modern sports and cultural imperialism. – New York.
Hall, Stuart und Paddy Whannell (1964): The Popular Arts. – Harmondsworth.
Hall, Stuart (1976): Television and Culture. – In: Sight and Sound 45. – S. 246-252.
Hall, Stuart und Tony Jefferson (Hg.) (1976): Resistance Through Rituals: Youth Subcultures in Post-War Britain. – London.
Hall, Stuart, Critcher, Chas, Jefferson, Tony, Roberts, Brian (1978): Policing the Crisis: Mugging, the state, and law and order. – London.
Hall, Stuart (1979): Culture, Media and the »Ideological Effect«. – In: Mass Communication and Society. Hg. v. James Curran, Michael Gurevitch und Janet Woollacott. – London.
Hall, Stuart u. a. (Hg.) (1980): Culture, Media, Language. – London.
Hall, Stuart (1980 [1973]): Encoding/Decoding. – In: Culture, Media, Language. Hg. v. Stuart Hall u. a. – London. S. 128-138.
Hall, Stuart (1980): Deconstructing the Popular. – In: People's History and Socialist Theory. Hg. v. Raphael Samuel. – London.
Hall, Stuart (1980): Race, Articulation, and Societies Structured in Dominance. – In: Sociological Theories, Race and Colonialism. Hg. v. UNESCO . – Paris. S. 305-345.
Hall, Stuart (1986): On Postmodernism and Articulation: An Interview. Hg. von Lawrence Grossberg. – In: Communication Inquiry 10/2. S. 45-60.
Hall, Stuart (1989, 1994 und 1999): Ausgewählte Schriften. 3 Bde. Hg. v. U. Mehlem. – Hamburg.
Hall, Stuart (1990): Cultural Identity and Diaspora. – In: Identity: Community, Culture, Difference. Hg. v. J. Rutherford. – London. S. 222-237.
Hall, Stuart (1992): Cultural Studies and its Theoretical Legacies. – In: Cultural Studies. Hg. v. Lawrence Grossberg, Cary Nelson und Paula Treichler. – New York; London. S. 277-294.
Hall, Stuart und Paul DuGay (Hg.) (1996a): Questions of Cultural Identity. – London; Thousand Oaks; New Delhi.
Hall, Stuart (1996b [1985]): Signification, Representation, Ideology: Althusser and the Post-Structuralist Debates. – In: Cultural Studies and Communications. Hg. v. James Curran, David Morley und Valerie Walkerdine. – London. S. 11-34.
Hall, Stuart (Hg.) (1997a): Representation: Cultural Representations and Signifying Practices. – London; Thousand Oaks CA; New Delhi.
Hall, Stuart (1997b): New Ethnicities. – In: »Race«, Culture and Differen-

ce. Hg. v. James Donald und Ali Rattansi. – London. S. 252-259.
Hall, Stuart (1998): Notes on Deconstructing ›the Popular‹. – In: Cultural Theory and popular Culture. A Reader. Hg. v. John Storey. 2 Aufl. – Hemel Hempstead.
Haraway, Donna (1995): Die Neuerfindung der Natur. Primaten, Cyborgs und Frauen. Hg. v. Carmen Hammer und Immanuel Stieß. – Frankfurt; New York.
Harding, Sandra (1991): Whose Science? Whose Knowledge? – Ithaca; New York.
Harding, Sandra (1994): Das Geschlecht des Wissens. Frauen denken Wissenschaft neu. – Frankfurt/Main; New York.
Hargreaves, Jennifer (Hg.) (1982): Sport, culture and ideology. – Boston.
Hargreaves, John (1986): Sport, power and culture: A social and historical analysis of popular sports in Britain. – Cambridge.
Harvey, Jean und Hart Cantelon (Hg.) (1988): Not just a game. Essays in Canadian sport sociology. – Toronto.
Hassauer, Friederike (1994): Homo Academica. Geschlechterkontrakte, Institution und die Verteilung des Wissens. – Wien.
Hawkins, Harriett (1990): Classics and trash: traditions and taboos in high literature and popular modern genres. – New York NY.
Heath, Stephen (1981): Questions of the Cinema. – Basingstoke.
Hebdige, Dick (1997): Subculture. The Meaning of Style. Repr. – London; New York. (= New Accents); dt: in: Diederich Diederichsen, Dick Hebdige und Olaph-Dante Marx (Hg.) (1983), Schocker. Stile und Moden der Subkultur. – Reinbek.
Hepp, Andreas und Rainer Winter (1997): Kultur – Medien – Macht. Cultural Studies und Medienanalyse. – Opladen.
Hill Collins, Patricia (1996): Ist das Persönliche politisch genug? Afrikanisch-amerikanische Frauen und feministische Praxis. – In: Rassismen & Feminismen. Differenzen, Machtverhältnisse und Solidarität zwischen Frauen. (Symposium Wien 29.-30.10.1994). Hg. v. Brigitte Fuchs und Gabriele Habinger. – Wien. S. 67-91.
Hill, Mike (Hg.) (1997): Whiteness. A Critical Reader. – New York; London.
Hipfl, Brigitte (1997): Inszenierung des Begehrens: zur Rolle der Phantasie im Umgang mit den Medien, in: Andreas Hepp, Rainer Winter (Hg.): Kultur – Medien – Macht. – Opladen.
Hobrook, Morris B. und Elizabeth C. Hirschmann (1993): The semiotics of consumption : interpreting symbolic consumer behavior in popular culture and works of art. – Berlin [u.a.]. (= Approaches to semiotics 110).
Hobsbawm, Eric J. (1991): Nationen und Nationalismus. Mythos und Realität seit 1780. – Frankfurt/Main; New York.
Hobson, Dorothy (1982): Crossroads: The Drama of a Soap Opera. – London.

Hodge, Robert und Gunther Kress (1988): Social Semiotics. – Cambridge.
Höller, Christian (1998): Dazwischen, daneben, danach. Interview mit Homi K. Bhabha. – In: Springerin 1. S. 35-37.
Höller, Christian (1998): Offene Blockaden – geschlossene Transfers. Anmerkungen zur aktuellen »Cultural Studies«-Rezeption. – In: Springerin 1. S. 30-34.
Hoggart, Richard (1990 [1958]): The Uses of Literacy. – Harmondsworth.
Holert, Tom und Mark Terkessides (Hg.) (1996): Mainstream der Minderheiten. Pop in der Kontrollgesellschaft. – Berlin.
hooks, bell (1990): Yearning. Race, Gender, and Cultural Politics. – Boston MA.
hooks, bell (1994): Black Looks. Popkultur – Medien – Rassismus. – Berlin.
Horak, Roman (1988): »The fact is, they just don't speak the same language«. Bemerkungen zu Leben und Werk von Raymond Williams. – In: Archiv. Jahrbuch des Vereins für Geschichte der Arbeiterbewegung 1. Wien. S. 209-211.
Horak, Roman und Noraldine Bailer (Hg.) (1995): Jugendkultur. Annäherungen. – Wien.
Horak, Roman (1997): What's going on? – In: Falter 36 S. 46.
Horak, Roman (1997): Fußball von Wien nach Österreich. Zehn abschließende Bemerkungen aus kulturalistischer Sicht. – In: Ernst Bruckmüller und Hannes Strohmeyer (Hg.): Turnen und Sport in der Geschichte. – Wien. S. 156-155. (= Österreichs Schriftenreihe des Instituts für Österreichkunde 60)
Horak, Roman (1998a): Ä & K 24 wiedergelesen. Cultural Studies in Wien. – In: Ästhetik & Kommunikation 100. S. 99-104.
Horak, Roman (1998b): Jugendkultur in den 90ern. Ein Rückblick, der sich nach vorne richtet. – In: Ein-Satz. Jugend in Literatur für Jugendliche. Publikationen zur Ausstellung in der »Galerie im Stifter-Haus«, 22. April bis 5. Juni 1998. – Linz. S. 128-141.
Horak, Roman und Siegfried Mattl (1998c): Out of time. Zur Jugendlichkeit verdammt. – In: Jugendkulturen '68–'98. Katalog zur steirischen Landesausstellung. Graz. S. 236- 251.
Horak, Roman (1998d): Über Politik und Kultur. Auf dem Weg zu einer österreichischen Formation von Cultural Studies. – Wien. (= ungedr. Habil.schrift).
Horak, Roman (1999): Cultural Studies in Germany (and Austria). Why is there no such thing? – In: European Journal of Cultural Studies 2/1
Horkheimer Max und Theodor W. Adorno (1971 [1944]): Dialektik der Aufklärung. Philosophische Fragmente. – Frankfurt/Main.
Horne, Donald (1971): The Lucky Country. 3. Aufl. – Melbourne.
Huyssen, Andreas (1986): After the Great Divide: Modernism, Mass Culture, Postmodernism. – Indianapolis. IKUS-Lectures (1992ff.). – Wien.

Jackson, Roger C. und Thomas P. McPhail (Hg.) (1989): The Olympic movement and the mass media: Past, present, and future issues. – Calgary.

Jameson, Fredric (1991): Postmodernism, or, The Cultural Logic of Late Capitalism. – London; New York.

Jameson, Frederic und Masao Miyoshi (Hg.) (1998): The Cultures of Globalization. – Durham; London.

Jenks, Chris (Hg.) (1995): Visual Culture. – London; New York.

Kaplan, Ann E. (1987): Rocking Around the Clock: Music Television, Postmodernism, and Consumer Culture. – New York; London.

Kellner, Douglas (1989): Critical Theory, Marxism, and Modernity. Cambridge; Baltimore.

Kellner, Douglas (1995): Media Culture. Cultural studies, identity and politics between the modern and the postmodern. – London; New York.

Kellner, Douglas (1997): Overcoming the Divide: Cultural Studies and Political Economy. – In: Cultural Studies in Question. Hg. v. Marjorie Ferguson und Peter Golding. – London; Thousand Oaks CA; New Delhi. S. 102-120.

Kemp, Sandra und Judith Squires (Hg.) (1997): Feminisms. – Oxford; New York.

Klaus, H. Gustav (1994): Hoggart – Williams – Thompson. Bemerkungen zur zögerlichen Aufnahme der englischen Kulturdebatte in Deutschland. In: Cultural Studies. Eine Intervention. – Wien. S. 41-49. (= IKUS-Lectures 17/18).

Klinger, Cornelia (1998): Essentialismus, Universalismus und feministische Politik. – In: Christina Lutter und Elisabeth Menasse-Wiesbauer: Frauenforschung, feministische Forschung, Gender Studies. – Wien. (= Materialien zur Förderung von Frauen in der Wissenschaft 8, BMWV).

Knowles, Caroline und Sharmila Mercer (1997): Feminism and Antiracism: An Exploration of the Political Possibilities. – In: »Race«, Culture and Difference. Hg. v. James Donald und Ali Rattansi. – London. S. 104-125.

Kossek, Brigitte (Hg.) (1999): GEGEN-RASSISMEN. Konstruktionen, Interaktionen, Interventionen. (Internationales Symposium, 14.-15. November 1997). – Hamburg.

Kossek, Brigitte (1996): Rassismus und Feminismen. – In: Rassismen & Feminismen. Differenzen, Machtverhältnisse und Solidarität zwischen Frauen. (Symposium Wien 29.-30.10.1994). Hg. v. Brigitte Fuchs und Gabriele Habinger. – Wien. S. 11-22.

Kraniauskas, John (1998): The Transnationalization of Cultural Studies. – In: Radical Philosophy 90 (July/August). S. 9-19.

Laclau, Ernesto (1990): New Reflections on the Revolution of Our Time. – London.

Laclau, Ernesto und Chantal Mouffe (1991): Hegemonie und radikale Demokratie. – Wien.

Laqueur, Thomas (1992): Auf den Leib geschrieben. Die Inszenierung der Geschlechter von der Antike bis Freud. – Frankfurt/Main; New York.

Lawrence, Geoffrey und David Rowe (Hg.) (1986): Power Play. – Sydney.

Leavis, F. R. (1930): Mass Civilization and Minority Culture. – Cambridge.

Leavis, Q. D. (1965): Fiction and the Reading Public. – London.

Levine, Lawrence W. (1988): Highbrow/lowbrow: the Emergence of Cultural Hierarchy in America. – Cambridge MA.

Lindner, Rolf (1994): Cultural Studies in der Bundesrepublik Deutschland. Eine Rezeptionsgeschichte. – In: Cultural Studies. Eine Intervention. (= IKUS-Lectures 17/18). S. 50-57.

Lindner, Rolf (1998): Kulturanalyse, Kulturwissenschaft, Cultural Studies. – In: Ästhetik & Kommunikation 100. S. 105-109.

List, Elisabeth (1993): Die Präsenz des Anderen. Theorie und Geschlechterpolitik. – Frankfurt/Main.

List, Elisabeth (1997): Der Körper in der Geschichte. Theoretische Fragen an einen Paradigmenwandel. – In: ÖZG 8 S. 167-185.

List, Elisabeth (1998): Vom Geist zur Kultur. Paradigmenwechsel in den Geisteswissenschaften. – In: Geisteswissenschaften im Spannungsfeld zwischen Moderne und Postmoderne. Hg. v. Helmut Reinalter u. a. – Wien. S. 107-131.

List, Elisabeth und Herlinde Studer (Hg.) (1989): Denkverhältnisse. Feminismus und Kritik. – Frankfurt/Main.

Luger, Kurt (1998): Vergnügen, Zeitgeist, Kritik: Streifzüge durch die populäre Kultur. - Wien.

Lykke, Nina und Rosi Braidotti (Hg.) (1996): Between Monsters, Goddesses and Cyborgs. Feminist Confrontations with Science, Medicine and Cyberspace. – London; New Jersey.

Lyotard, Jean-François (1987 [1979]): The Postmodern Condition: A Report on Knowledge. – Manchester.

Marchart, Oliver (1997): Themen, Texte, Theorien. Cultural Studies on the Move. – In: Falter 51/52 S. 8f.

Marris, Paul und Sue Thornham (Hg.) (1996): Media Studies: A Reader. – Edinburgh.

Marschik, Matthias (1997): Kleines Glück. Botschaften der Werbung als Rückgrat des Selbst, In: Andreas Hepp, Rainer Winter (Hg.): Kultur – Medien – Macht. – Opladen.

Mayer, Ruth und Mark Terkessidis (Hg.) (1998): Globalkolorit. Multikulturalismus und Populärkultur. – St. Andrä/Wördern.

McCabe, Colin (1974): Realism and the Cinema: Notes on some Brechtian Theses. – In: Screen 15

McCabe, Colin (Hg.) (1986): High Theory/Low Culture. – Manchester.

McClintock, Anne; Aamir Mufti und Ella Shohat (Hg.) (1997): Dangerous

Liaisons. Gender, Nation, and Postcolonial Perspectives. – Minnesota.
McDonald, Dwight (1957): A theory of mass culture. – In: Mass Culture: The popular Arts in America. Hg. v. B. Rosenberg und D. M. White. – London. S. 59-73.
McGuigan, Jim (1992): Cultural Populism. – London; New York.
McGuigan, Paul (1997): Cultural Populism Revisited. – In: Cultural Studies in Question. Hg. v. Marjorie Ferguson und Peter Golding. – London; Thousand Oaks CA; New Delhi. S. 138-154.
McRobbie, Angela und Jenny Garber (1978): Girls and Subcultures. – In: Women Take Issue. Hg. v. Centre for Contemporary Cultural Studies Women's Study Group. – London.
McRobbie, Angela (1991): Feminism and Youth Culture. – London.
McRobbie, Angela (1997): The »Es« and the »Anti-Es«. New Questions for Feminism and Cultural Studies. – In: Cultural Studies in Question. Hg. v. Marjorie Ferguson und Peter Golding. – London; Thousand Oaks CA; New Delhi. S. 170-186.
McRobbie, Angela (1998): Muskelpakete und Schwänze. Die Bedeutung von Girlie-Kultur. – In: Lips.Tits.Hits.Power? Popkultur und Feminismus. Hg. v. Anette Baldauf und Katharina Weingartner. – Wien; Bozen. S. 274-284.
Melling, Joseph und Jonathan Barry (Hg.) (1992): Culture in History. Production, consumption and values in historical perspective. – Exeter.
Memmi, Albert (1987): Rassismus. – Frankfurt/Main.
Mercer, Kobena (1992): »1968«: Periodizing Postmodern Politics and Identity. – In: Cultural Studies. Hg. v. Lawrence Grossberg, Cary Nelson und Paula Treichler. – New York; London. S. 424-449.
Mercer, Kobena (1990): »Welcome to the Jungle«. – In: Identity: Community, Culture, Difference. Hg. v. J. Rutherford. – London.
Miles, Robert (1991): Rassismus. Eine Einführung in die Geschichte und Theorie eines Begriffs. – Hamburg.
Modleski, Tania (1990): The search for tomorrow in today's soap operas. – In: Popular Fiction. Technology, ideology, production, reading. Hg. v. Tony Bennett. – London; New York. S. 189-207.
Modleski, Tanja (1982): Loving with a Vengeance: Mass produced fantasies for women. – New York.
Moore, Henrietta (1994): »Divided We Stand«: Sex, Gender and Sexual Difference. – In: Feminist Review 47. S. 78-95.
Morley, David (1980): Texts, Readers, Subjects. – In: Culture, Media, Language. Hg. v. Stuart Hall u. a. – London. S. 63-173.
Morley, David (1992): Television, Audiences and Cultural Studies. – London; New York.
Morley, David und Kevin Robins (1995): Spaces of Identity. Global Media, Electronic Landscapes and Cultural Boundaries. – London; New York.

Morley, David und Kuan-Hsing Chen (Hg.) (1996): Stuart Hall: Critical Dialogues in Cultural Studies. – London.

Morley, David (1997): Theoretical Orthodoxies: Textualism, Constructivism and the ›New Ethnography‹ in Cultural Studies. – In: Cultural Studies in Question. Hg. v. Marjorie Ferguson und Peter Golding. – London; Thousand Oaks CA; New Delhi. S. 121-137.

Morley, David (1998): Cultural Studies and Media Circuits. Vortrag bei The Stuart Hall Conference, The Open University, Faculty of Social Sciences and Pavis Centre for Sociological and Social Anthropological Research (Milton Keynes), 14.-15. Mai 1998. – Milton Keynes. (= unpubl. Manuskript).

Morris, Meaghan (1988): The Pirate's Fiancee: Feminism, Reading, Postmodernism. – London; New York.

Morris, Meaghan (1990): Banality in cultural studies. – In: Logics of Television: Essays in Cultural Criticism. Hg. v. Patricia Mellencamp. – Bloomington; Indianapolis. S. 14-43.

Morris, Meaghan (1992): »On the Beach«. – In: Cultural Studies. Hg. v. Lawrence Grossberg, Cary Nelson und Paula Treichler. – New York; London. S. 450-478.

Muchembled, Robert (1984 [1978]): Kultur des Volkes – Kultur der Eliten. Die Geschichte einer erfolgreichen Verdrängung. 2. Aufl. – Stuttgart.

Mukerji, Chandra und Michael Schudson (Hg.) (1991): Rethinking Popular Culture. Contemporary Perspectives in Cultural Studies. – Berkeley; Los Angeles; Oxford.

Mulvey, Laura (1975): Visual Pleasure and Narrative Cinema. – In: Screen 16

Mulvey, Laura (1990): Afterthoughts on »Visual pleasure and narrative cinema« inspired by Duel in the Sun. – In: Popular Fiction. Technology, ideology, production, reading. Hg. v. Tony Bennett. – London; New York. S. 139-151.

Munns, Jessica und Gita Rajan (Hg.) (1995): A Cultural Studies Reader. History, Theory, Practice. – London; New York.

Narenmore, James und Patrick Brantlinger (Hg.) (1991): Modernity and Mass Culture. – Bloomington & Indianapolis.

Nelson, Cary und Dilip Parameshwar Gaonkar (Hg.) (1996): Disciplinarity and Dissent in Cultural Studies. – New York; London.

Nicholson, Linda (Hg.) (1990): Feminism/Postfeminism. – New York; London.

Norris, Christopher (1982): Deconstruction: Theory and Practice. – London; New York. (= New Accents).

Pickering, Michael (1997): History, Experience and Cultural Studies. – Basingstoke; London.

Pittock, Joan H. und Andrew Wear (Hg.) (1991): Interpretation and Cultural History. – London.

Probyn, Elspeth (1993): Sexing the Self. Gendered Positions in Cultural

Studies. – New York; London.
Pühretmayer, Hans (1995): Von den großen über die abstrakten zu den konkreten Erzählungen. Mikroskopische Analysen und radikaler Kontextualismus als neue Forschungspraxis. – In: Österreichische Zeitschrift für Politikwissenschaft. S. 143-158.
Pühretmayer, Hans und Andreas Görg (1998): Strategische Potentiale gegen Fremdenfeindlichkeit. Ungedr. Zwischenbericht zum gleichnamigen Forschungsprojekt im Auftrag des BMWV. – Wien.
Rader, Benjamin G. (1984): In its own image: How television has transformed sports. – New York.
Radford, Jean (Hg.) (1986): The Progress of Romance. The Politics of Popular Fiction. – London; New York.
Radway, Janice (1984): Reading the Romance. – Chapel Hill.
Rattansi, Ali (1997): Changing the Subject? Racism, Culture and Education. – In: »Race«, Culture and Difference. Hg. v. James Donald und Ali Rattansi. – London. S. 11-48.
Readings, Bill (1996): The University in Ruins. – Cambridge MA.
Real, Michael R. (1996): Exploring Media Culture. A Guide. – Thousand Oaks CA; London; New Delhi. (= Communication and Human Values).
Richards, I. A. (1926): Principles of Literary Criticism. – London.
Riley, Denise (1988): Am I That Name? Feminism and the Category of ›Women‹ in History. – Minneapolis.
Robins, Kevin (1997): Global Times: What in the World's Going On? – In: Production of Culture/Culture of Production. Hg. v. Paul DuGay. – London; Thousand Oaks CA; New Delhi. S. 12-66.
Rosenberg, Bernhard und Manning White (Hg.) (1957): Mass Culture: the popular arts in America. – New York.
Ross, Andrew (1989): No Respect: Intellectuals and popular culture. – London.
Rowe, David und Geoffrey Lawrence (1990): Sport and Leisure: Trends in Australian popular culture. – Sydney.
Rutherford, J. (Hg.) (1990): Identity: Community, Culture, Difference. – London.
Said, Edward (1978): Orientalism. – London.
Said, Edward (1993): Culture and Imperialism. – New York. (dt. Kultur und Imperialismus. Einbildungskraft und Politik im Zeitalter der Macht. Frankfurt/Main 1994).
Saussure, Ferdinand de (1967 [1916]): Grundfragen der allgemeinen Sprachwissenschaft. 2. Aufl. – Berlin.
Schein, Gerlinde und Sabine Strasser (Hg.) (1997): Intersexions. Feministische Anthropologie zu Geschlecht, Kultur und Sexualität. – Wien.
Schiebinger, Londa (1995): Am Busen der Natur. Erkenntnis und Geschlecht in den Anfängen der Wissenschaft. – Stuttgart.

Scott, Joan (1997): Feminism and History. – Oxford; New York.
Segal, Lynne (1994): Straight Sex: The Politics of Pleasure. – London.
Segal, Lynne (1997): Sexualities. – In: Identity and Difference. Hg. v. Kathryn Woodward. – London; Thousand Oaks CA; New Delhi. S. 183-228.
Shilling, Chris (1997): The Body and Difference. – In: Identity and Difference. Hg. v. Kathryn Woodward. – London; Thousand Oaks CA; New Delhi. S. 63-107.
Singer, Mona (1996): Konstruktion, Wissenschaft und Geschlecht. – In: Materialität – Körper – Geschlecht. Hg. v. Verein Sozialwissenschaftliche Forschung und Bildung für Frauen. – Frankfurt/ Main. S. 69-103.
Singer, Mona (1997): Fremd.Bestimmung. Zur kulturellen Verortung von Identität. – Tübingen.
Singer, Mona (1998): Frau ohne Eigenschaften – Eigenschaften ohne Frau? Über situiertes Wissen und feministische Theoriepolitik. – In: Sosein und anders. Sprache, Geschlecht und Identität. Reihe Frauenringvorlesungen der Wirtschaftsuniversität Wien. Hg. v. Ludmilla Damjanova, Ursula Doleschal und Johanna Hofbauer. – Frankfurt/ Main.
Sontag, Susan: Notes on »Camp«. – In: Dies.: Against Interpretation: and Other Essays. – New York. S. 275-292.
Spelman, Elisabeth (1990): Inessential Women. Problems of Exclusion in Feminist Thought. – London.
Spivak, Gayatri Chakravorty (1988): In Other Worlds. Essays in Cultural Politics. – New York.
Spivak, Gayatri Chakravorty (1993): Outside in The Teaching Machine. – New York; London.
SPoKK (Hg.) (1997): Kursbuch Jugendkultur. – Mannheim.
Steele, Tom (1997): The Emergence of Cultural Studies. Adult Education, Cultural Politics and the ›English‹ Question. – London.
Steinberg, Michael P. (1996): Cultural History and Cultural Studies. – In: Disciplinarity and Dissent in Cultural Studies. Hg. v. Cary Nelson und Dilip Parameshwar Gaonkar. – New York; London. S. 103-129.
Steinert, Heinz (1996): Umrisse eines Forschungsprogramms »Kritische Kulturforschung«. – In: Von der Notwendigkeit des Überflüssigen. Sozialwissenschaften in Österreich. Hg. v. BMWVK und ö. UNESCO-Kommission. – Wien. S. 57-70.
Storey, John (1993): An Introductory Guide to Cultural Theory and Popular Culture. – Hemel Hempstead.
Storey, John (1996): Cultural Studies and the Study of Popular Culture: Theories and Methods. – Edinburgh.
Storey, John (Hg.) (1998): Cultural Theory and Popular Culture. A Reader. 2. Aufl. – Hemel Hempstead.
Strinati, Dominic (1996): An introduction to theories of popular culture. – London; New York.

Thompson, E. P. (1991 [1963]): The Making of the English Working Class. – Harmondsworth.
Tilley, Christopher (Hg.) (1990): Reading Material Culture. Structuralism, Hermeneutics and Post-Structuralism. – Oxford; Cambridge MA.
Tillner, Georg (1997): Masculinity and Xenophobia: The Identity of Dominance. Vortrag beim UNESCO-Expertentreffen »Male Roles and Masculinities in the Perspective of a Culture of Peace« 25.-28. September 1997. – Oslo. (= unpubl. Manuskript).
Tolson, Andrew (1996): Mediations. Text and Discourse in Media Studies. – London; New York; Sydney; Auckland.
Totosy de Zepetnek, Steven (1998): Comparative Literature. Theory, Method, Application. – Amsterdam; Atlanta GA.
Turner, Graeme (1988): Film as Social Practice. – London; New York. (= Studies in Communication).
Turner, Graeme (1996 [1990]): British Cultural Studies. An Introduction. 2 Aufl. – London; New York.
Twitchell, James B. (1992): Carnival Culture: the Trashing of Taste in America. – New York.
Varnedoe, Kirk und Adam Gopnik (1990): High & low : modern art, popular culture; The Museum of Modern Art, New York, (October 7, 1990 -January 15, 1991; The Art Institute of Chicago, February 20-May 12, 1991; Museum of Contemporary Art, Los Angeles, June 21-September 15, 1991). – New York.
Venturi, Robert; Denise Scott Brown und Steven Izenour (1988 [1972]): Learning from Las Vegas. rev. Aufl. – Cambridge MA.
Die Vorstadt. Quellen zur Popular- und Massenkultur im Wien der Moderne. – Wien. (= Dokumentation/Verein für Geschichte der Arbeiterbewegung [1996,1).
Wenner, A. (Hg.) (1989): Media, sports, and society. – Newbury Park CA.
Whannel, Garry (1992): Fields in vision: Television sport and cultural transformation. – New York.
Willett, Cynthia (Hg.) (1998): Theorizing Multiculturalism. A Guide to the Current Debate. – Malden; Oxford.
Williams, Patrick und Laura Chrisman (Hg.) (1994): Colonial Discourse and Post-Colonial Theory. – New York; London; Toronto; Sydney; Tokyo; Singapore.
Williams, Raymond (1975 [1961]): The Long Revolution. – London.
Williams, Raymond (1981): Culture. – Glasgow.
Williams, Raymond (1990 [1958]): Culture and Society. Coleridge to Orwell. – London. (dt.: Gesellschaftstheorie als Begriffsgeschichte, München 1972).
Williamson, J. (1986): The problems of being popular. – In: New Socialist (September).
Willis, Paul (1979): Spaß am Widerstand. Gegenkultur in der Arbeiterschule. – Frankfurt/Main.

Willis, Paul (1991): Jugend-Stile. Zur Ästhetik der gemeinsamen Kultur. – Hamburg.

Wobbe, Theresa und Gesa Lindemann (Hg.) (1994): Denkachsen. Zur theoretischen und institutionellen Rede vom Geschlecht. – Frankfurt/Main.

Women's Study Group, Centre for Contemporary Cultural Studies (Hg.) (1978): Women Take Issue. – London.

Woodward, Kathryn (Hg.) (1997): Identity and Difference. – London; Thousand Oaks CA; New Delhi.

Woodward, Kathryn (1997): Concepts of Identity and Difference. – In: Identity and Difference. Hg. v. Kathryn Woodward. – London; Thousand Oaks CA; New Delhi. S. 7-50.

Young, Iris M. (1997): Intersecting Voices: Dilemmas of Gender, Political Philosophy and Policy. – Princeton.

Young, Iris M. (1998): Relational Difference: Class, Gender, Race, Ethnicity. Vortrag am Institut für die Wissenschaften vom Menschen (IWM), Wien, 27.5.1998. – Wien. (= unpubl. Manuskript).

Yuval-Davis, Nira und Flora Anthias (1992): Racialized Boundaries: Ethnic, Gender, Colour and Class Divisions and the Anti-Racist Struggle. – London.

Yuval-Davis, Nira (1997): Fundamentalism, Multiculturalism and Women in Britain. – In: »Race«, Culture and Difference. Hg. v. James Donald und Ali Rattansi. – London. S. 278-291.

i ek, Slavoj (1997): Multiculturalism, Or, the Cultural Logic of Multinational Capitalism. – In: Contents 225. S. 28-51.

Register

Begriffe und Themen, die durch das Inhaltsverzeichnis erschlossen werden können, wurden nicht ins Register aufgenommen.